**Option
assistierter
Suizid
Wann genug ist,
entscheide ich**
Eva Birkenstock

In der Reihe **«Penser la Suisse»** erscheinen die Publikationen des gleichnamigen Think Tanks, einem als Verein organisierten Zusammenschluss von Professorinnen und Professoren aus den Sozialwissenschaften. Der Think Tank «Penser la Suisse» hat es sich zum Ziel gesetzt, nicht nur reaktiv sondern aktiv Erkenntnisse aus der Wissenschaft zu aktuellen und zukünftigen Problemlagen, aber auch generell zur Schweiz, hauptsächlich in Form von Publikationen zu verbreiten und damit zur Meinungsbildung sowohl in der Gesellschaft wie auch in der Politik beizutragen.

http://penserlasuisse.ch

# Option assistierter Suizid
## Wann genug ist, entscheide ich

Eva Birkenstock

Seismo

Die Druckvorstufe dieser Publikation wurde vom Schweizerischen Nationalfonds zur Förderung der wissenschaftlichen Forschung unterstützt.

Bibliografische Informationen der Deutschen Nationalbibliothek

Die Deutsche Nationalbibliothek verzeichnet diese Publikation in der Deutschen Nationalbibliografie; detaillierte bibliografische Daten sind im Internet über http://dnb.de abrufbar.

ISBN 978-3-03777-259-1

© 2022, Seismo Verlag, Sozialwissenschaften und Gesellschaftsfragen
Zürich und Genf

buch@seismoverlag.ch
www.seismoverlag.ch

Das Werk ist urheberrechtlich geschützt. Jede Verwertung (Vervielfältigungen, Übersetzungen, Mikroverfilmung u. a. m.) dieses Werkes oder einzelner Teile ist ohne Zustimmung des Verlages unzulässig.

ISBN 978-3-03777-259-1
ISSN 2813-2378

Umschlagkonzept: Hannah Traber, St. Gallen

# Inhalt

| | |
|---|---|
| **Vorwort** | 8 |
| **Ausgangslage** | 13 |
| **Philosophische Grundfragen und narrative Antworten** | 19 |
| Suche nach Interviewpartner:innen | 20 |
| Hintergrund der Interviewpartner:innen | 26 |
| **Sterblichkeit, Freiheit und Verantwortung** | 31 |
| Legalität, Legitimität, Ethik, Moral | 33 |
| Sprache und Begrifflichkeit | 40 |
| Grundsatzdebatte zwischen Liberalen und Restriktiven | 43 |
| Entscheidungsfindung | 48 |
| **Der Wunsch nach einer modernen Ars moriendi** | 50 |
| Sprechen über Sterben und Tod | 52 |
| Erfahrungen und Wünsche | 56 |
| Vorsorge | 63 |
| **Auslegung von Grundwerten** | 72 |
| Freiheit und Selbstbestimmung | 73 |
| Würde und das Problem der Abhängigkeit | 88 |

| Lebensqualität | 103 |
| --- | --- |
| «Notausgang» – Ultima ratio zum Erhalt von Freiheit, Würde und Lebensqualität | 109 |

## Reflexionen über den Sinn des endlichen Lebens — 115

| Religiöser oder spiritueller Hintergrund | 116 |
| --- | --- |
| Säkularer Hintergrund | 121 |
| Der Tod als natürliche Tatsache | 122 |

## Individuum und Allgemeinheit — 126

| Mikroebene: Die Rolle der Angehörigen | 127 |
| --- | --- |
| Mesoebene: Die Rolle der organisierten Angebote | 137 |
| Makroebene: Die Rolle der Gesellschaft | 146 |

## Hauptgründe konkret einen assistierten Suizid zu erwägen — 153

| Persönlichkeitsveränderung durch kognitive Einbussen (Demenz) | 153 |
| --- | --- |
| Langzeitpflege | 159 |
| Lebenssattheit, Lebensmüdigkeit (Bilanzfreitod) | 159 |

## Alternativen zum assistierten Suizid — 165

| Palliative Care | 166 |
| --- | --- |
| Sterbefasten, Freiwilliger Verzicht auf Nahrung und Flüssigkeit (FVNF) | 169 |
| Selbstorganisierter Suizid | 171 |

## Ausblick – Sowohl als auch — 176

| Vorurteilsfreie Kommunikation über das Sterben | 179 |
| --- | --- |
| Diskussion über die Rolle der Ärzte als Gatekeeper | 181 |

| | |
|---|---:|
| Aufklärung über und Investition in Palliative Care | 183 |
| Thematisierung der Akzeptanz von Pflege | 184 |
| Das ethische Dilemma im Fall von Demenz | 186 |
| Demokratisierung der Ethik | 187 |

**Fazit** — **188**

**Literaturverzeichnis** — **193**

**Abkürzungen** — **202**

**Interviewdaten** — **203**

**Glossar** — **205**

# Vorwort

*Überall, wo in strengerem Sinne von einem Entweder/Oder die Rede ist, darf man jederzeit sicher sein, dass das Ethische mit im Spiel ist.»* Søren Kierkegaard (1843 Entweder-Oder II, 151)

Eine wachsende Anzahl von Staaten entkriminalisiert die Suizidhilfe und hält sie für *legal* solange zweifellos ausgeschlossen werden kann, dass sie gegen den freien Willen der sterbewilligen Person oder aus selbstsüchtigen Motiven von Überlebenden geschieht. Über die Frage, ob und unter welchen Umständen assistierte Suizide über die rechtliche Frage hinaus auch *ethisch legitim* seien, wird immer wieder kontrovers debattiert. Im Herbst 2020 griff der Film «Gott» von Ferdinand von Schirach das Thema des Bilanzfreitods auf und erzielte hohe Einschaltquoten. Zur selben Zeit wurde der Brief «Samaritanus bonus» des Vatikans veröffentlicht, der für Kirchenmitglieder sogar die blosse Mitgliedschaft in einer Sterbehilfeorganisation untersagt (Kongregation für die Glaubenslehre 2020). Das Thema berührt Grundwerte wie Würde, Freiheit, Selbstbestimmung, Lebensqualität und ihre Interpretation sowie Fragen von Individualität und Allgemeinheit. Während die Legislative den Handlungsspielraum für Individuen eher weit absteckt, ist die Berufsethik wesentlich restriktiver. In der öffentlichen Diskussion fordert die liberale Seite daher einen weiteren Abbau von Zugangsbeschränkungen, während auf der anderen Seite Bedenken gegen einen gesellschaftlich-ökonomischen Druck erhoben werden.

Um ein Bild davon zu bekommen, wie Personen, denen es wichtig ist, die Möglichkeit eines assistierten Suizids zu haben, ihren Entscheidungsweg begründen und wie frei sie dabei sind, hat der Schweizerische Nationalfonds (SNF) das Projekt gefördert, das dem empirischen Teil dieses Buchs zugrunde liegt.

Vom Frühjahr bis zum Spätsommer 2020 wurden 41 Personen im Alter zwischen 43 und 92 Jahren interviewt, die von ihren Erfahrungen, Gedanken und Überzeugungen berichteten. Es handelte sich dabei um ein «Spark-Projekt» durch das neue wissenschaftliche Ansätze, Methoden und Ideen entwickelt werden können. Neu war die Idee, das Thema assistierter Suizid durch narrative Interviews zu untersuchen und einen philosophischen Ansatz mit qualitativer Sozialforschung zu verbinden. Das war insgesamt, besonders aber in Hinsicht auf die ethischen und die wertebezogenen Fragen gewinnbringend. In einer säkularen und pluralistischen Gesellschaft ist eine gewisse Entfremdung zwischen den Expert:innen, die Ethik institutionell vertreten, und der Öffentlichkeit zu bemerken. Auf der einen Seite hat sich die Ethik zu einer akademischen Fachwissenschaft entwickelt, auf der anderen Seite gelten moralische Entscheidungen als privat. Eingriffe in die persönliche Entscheidungsfreiheit im Namen höherer Werte stossen in einer Gesellschaft von Individualist:innen auf Widerstand. Wer Autorität in Anspruch nimmt, das Gute als das höchste Ziel der Ethik privilegiert zu vertreten, erweckt Misstrauen. Gut ist, was jeweils für die Einzelnen gut ist, meinen viele und machen Zweifelsfragen mit sich selbst und ihrem Gewissen aus. Im Hintergrund dieses Rückzugs ins Private stehen Erinnerungen an eklatanten Machtmissbrauch im Namen einer angeblich höheren Moral. Gerade traditionelle moralische Autoritäten wie die Kirchen haben in der Moderne zunehmend an Glaubwürdigkeit verloren, beispielsweise durch die Verfolgung von Häretiker:innen oder Homosexuellen. Die aktuellen Versuche katholischer Amtsträger, sich im Schutz der Kirche und ihrer Privilegien staatlicher Strafverfolgung zu entziehen, haben diese Tendenz verstärkt. Daher ist es wichtig, in einen Dialog zu treten und vor allem zuzuhören. Weil die säkulare Ethik eine akademisch und methodisch standardisierte Fachwissenschaft geworden ist, droht sie einerseits in der Nische des Expert:innenwissens zu verbleiben, andererseits aber ebenfalls zu einem Machtfaktor zu werden, wenn Autoritäten aus diesem Fachgebiet z. B. über den Zugang zu einem assistierten Tod mitentscheiden. Ein solcher impliziter Machtanspruch verlangt seinerseits nach Legitimierung.

Durch die Analyse der Gesprächsinhalte wurde deutlich, dass ein assistierter Suizid keine «leichte Lösung» ist. Er wird auch nicht gewünscht. Aber die Möglichkeit zu haben, Hilfe beim Beenden seines Lebens bekommen zu können, wenn diesem persönlich keine Qualität mehr zugeschrieben wird, gilt als wesentlicher Bestandteil des Selbstbestimmungsrechts und des Würdeempfindens. Nicht immer wird die Entscheidungsfreiheit als garantiert erfahren. Es werden mehr Räume und Angebote für Gespräche, Information und Beratung gewünscht, allerdings auf egalitärer Basis und mit der Sicherheit, dass die Entscheidungskompetenz ungeteilt bei der Person liegt, um deren Leben es geht.

Danken möchte ich dem SNF, der die Durchführung des Projekts möglich gemacht hat, dem Institut Alter der Berner Fachhochschule für die Behausung und den kollegialen sowie technisch-administrativen Support, der Vizedirektorin des Instituts Alter Regula Blaser und dem Direktor Jonathan Bennett für ihre kompetente und freundschaftliche Beratung. Besonderer Dank gebührt den beiden studentischen Projektmitarbeiterinnen Michelle Bütikofer und Kathy Haas, die die meisten Interviews durchgeführt und verschriftlicht sowie einen Teil auch codiert haben. Obwohl es nicht leicht war, während der Pandemie fast ausschliesslich von zu Hause aus zu arbeiten und die meisten Gespräche digital zu führen, ist es ihnen gelungen, eine vertrauensvolle Atmosphäre herzustellen. Sie brachten ausserdem die Geduld mit, in den wöchentlichen Online-Teammeetings am Labor der Methodenfusion mitzuwirken und hatten die Energie, hunderte von Seiten an Transkripten zu produzieren. Dafür, dass die Forschungsergebnisse einer breiteren Öffentlichkeit vorgestellt werden können, danke ich Franziska Dörig und Stefanie Keller vom Seismo Verlag.

Ausserdem danke ich meiner Familie, Sergio, Micol, Ariane und Ugo für die Nervenstärke, mit der sie bereit sind, sich immer wieder mit mir über meine nicht immer leichten Themen zu unterhalten. Unsere Kinder haben mit Anfang 20, im Dezember 2020, ihr letztes Grosselternteil durch Covid-19 verloren. Sie waren darauf vorbereitet und der Grossvater hatte eine palliative Versorgung. Trotz der denkbar traurigen Umstände der pandemiebedingten Kontaktbeschränkungen wussten wir, dass ihn das Pallium, der schützende Mantel, von dem die Palliative Care ihren Namen hat, umgab. Als mein eigener Grossvater 1984 an Lungenkrebs erkrankt war und zwei Jahre später starb, musste ich sein Leiden ohne Palliativmedizin miterleben und war nicht vorbereitet, weil man über das Sterben noch viel weniger sprach als heute. Der Fortschritt, der in den letzten Jahrzehnten bei der Enttabuisierung des Todes gemacht wurde, darf nicht unterschätzt werden. Patient:innenverfügungen, Vorsorgeaufträge, Palliative Care, Aufklärungsgespräche über Therapierfolge und einen eventuellen Therapieabbruch gehören inzwischen immer mehr zum Alltag. Dennoch bleibt noch ein weiter Weg zu gehen, wenn man das Ziel ins Auge fasst, das Lebensende nicht den Abläufen und den Autoritäten im Heil- und Intensivpflegebetrieb zu überlassen, sondern bestmöglich für die Betroffenen und Mitbetroffenen zu gestalten. Das gilt insbesondere, wenn es nicht nur um das Lebensende im Allgemeinen geht, sondern um selbstgewähltes Sterben.

Zum Schluss danke ich allen Interviewpartner:innen, die bereit waren, ihre zum Teil sehr persönlichen Erfahrungen und Überlegungen mit uns zu teilen. Sie haben uns ein Vertrauen entgegengebracht, das zum moralischen Leitfaden für die Studie wurde. Wir haben versucht, sie so gut wie möglich zu verstehen und nicht den Anspruch erhoben, etwas anderes hinter ihren Aussagen zu vermuten und herauszulesen. Ihnen sowie allen anderen, die sich per Mail, zum Teil mit langen Anhängen gemeldet und beigetragen haben und all denen, die vor schwierigen Entscheidungen stehen, sei dieses Buch gewidmet. Auf dass jede und jeder Einzelne bis zum Ende das Leben führen kann, das der eigenen Persönlichkeit entspricht, und nach den individuellen Wünschen in Sicherheit und Geborgenheit sterben darf.

# Ausgangslage

Während gewaltsame Suizide in der Schweiz aufgrund von Präventionsmassnahmen eher abnehmen, nehmen die assistierten Suizide eher zu (BFS 2020). Nach der letzten Erhebung der spezifischen Todesursachen durch das Bundesamt für Statistik sterben durch einen gewaltsamen Suizid derzeit 15 von 1000 Menschen und durch einen assistierten Suizid 18 von 1000, d. h. die letzteren betreffen 1,8 Prozent der Bevölkerung mit einem deutlichen Anstieg jenseits des 65. Lebensjahres. Im Jahr 2003 hatte es 187 begleitete Suizide gegeben, 2018 waren es nach einem linearen Anstieg über die dazwischen liegenden Jahre 1176 (BFS 2020). Das BFS zählt dabei nur die assistierten Suizide von Menschen mit Wohnsitz in der Schweiz. Wer aus dem Ausland anreist, wird darin nicht aufgeführt. Weltweit steht die Schweiz hinsichtlich der Todesursache Suizid an 18. Stelle (WHO 2016). Die vollzogenen Suizide stellen laut Schweizerischem Gesundheitsobservatorium nur «die Spitze eines Eisbergs» dar (Obsan 2019, 1), da die Zahl versuchter Selbsttötungen sowie das Denken an Suizid um ein mehrfaches höher liegen. Laut Berechnungen kommen auf einen vollzogenen Suizid etwa 32 Suizidversuche (Obsan 2019, 7). Männer nehmen sich häufiger das Leben und greifen dabei öfter zu gewaltsameren Methoden wie Erschiessen oder Erhängen (BFS 2020). Assistierte Suizide werden in der Statistik mit gutem Grund separat behandelt. Schon die Zugangsprozedur schliesst ein impulsives Handeln in einer Krise, die überwunden werden kann, aus. Sie werden nach einem Prozess der eigenen Reflexion und der Kommunikation mit Angehörigen und Fachleuten über einen längeren Zeitraum rational geplant und bei klarem Bewusstsein durchgeführt. Von den über Fünfundsechzigjährigen waren 2017 5 Prozent Mitglied einer Sterbehilfeorganisation, von den über Siebzigjährigen waren es 7 Prozent und jenseits des 75. Lebensjahres 8 Prozent.

Seit es die Möglichkeit des assistierten Suizids gibt, gibt es auch die Kontroverse zwischen einer liberalen Haltung, die das Recht auf Unterstützung bei einem selbstbestimmten Ende weiter auslegt, und einer eher restriktiven Haltung, die den Lebensschutz betont und der begleiteten Selbsttötung skeptisch bis ablehnend gegenübersteht. Die einen wehren sich gegen eine Einmischung des Staates in ihre privaten Entscheidungen, die anderen sorgen sich, dass weitere Liberalisierungen, z. B. beim Bilanzsuizid, einen ethischen Dammbruch bedeuten würden. Da die Kosten des Gesundheits- und Sozialsystems steigen, gibt es ausserdem Befürchtungen, dass sich der soziale und finanzielle Druck auf verletzliche, längere Zeit hilfsbedürftige Personen erhöhen könnte.

In den letzten drei Jahrzehnten haben sich die Möglichkeiten der Selbstbestimmung am Lebensende insgesamt verbessert. Die Entmündigung ist abgeschafft worden, Vorsorgevereinbarungen und Patient:innenverfügungen sind rechtsverbindlich, die Palliativmedizin etabliert sich zunehmend und die Mitgliederzahlen der Organisationen, die nicht nur Sterbehilfe, sondern auch Beratung anbieten, erhöhen sich von Jahr zu Jahr. Die Kontroverse kreist dennoch weiterhin um die Frage der *moralischen Legitimation* von Sterbehilfe.

Nach dem Schweizer Gesetz ist die «direkte aktive Sterbehilfe» verboten. Niemand darf eine andere Person auf deren Verlangen hin aktiv töten, d. h. eine Handlung vornehmen, die direkt zum Tod führt. Erlaubt sind dagegen: die «indirekte aktive Sterbehilfe», z. B. eine Verkürzung der Lebenszeit durch die Gabe hoher Dosen schmerzlindernder Substanzen, die «passive Sterbehilfe» z. B. durch Therapieverzicht und die «Beihilfe zum Selbstmord (auch Suizidhilfe genannt)» (BJ 2020). Beim Suizid zu helfen bedeutet, dass die tödliche Substanz zur Verfügung gestellt, aber nicht verabreicht werden darf. Die einzigen zwei Bedingungen, die das Gesetz der Suizidhilfe setzt, sind, dass sich erstens die sterbewillige Person die tödliche Substanz selbst zuführt und dass zweitens begleitende Personen keine eigennützigen Motive haben dürfen. Es ist legal, einen Becher mit Natrium-Pentobarbital (NaP) bereitzustellen, oder auch eine Infusion zu stechen, aber die sterbewillige Person muss selbst trinken bzw. selbst das Rädchen der Infusion öffnen. Im Gesetz finden sich hingegen keine Einschränkungen hinsichtlich des Gesundheitszustands oder der Urteilsfähigkeit der sterbewilligen Person. Das Gesetz regelt allerdings lediglich die Straffreiheit und nicht ein Recht auf Suizidhilfe. Das bedeutet, dass ein *Recht auf selbstbestimmtes Sterben* zwar ausgeübt, aber nicht eingeklagt werden kann. Wer durch die Einnahme von NaP sterben möchte, braucht daher einen Arzt, eine Ärztin, der oder die das Rezept je nach persönlichem Gewissensentscheid ausstellt.

In der Schweiz regeln daher ausser dem Recht noch weitere Normen den Rahmen eines Zugangs zu einem assistierten Suizid, nämlich die Leitlinien der «Schweizerischen Akademie der Medizinischen Wissenschaften» (SAMW). Die Ärzteschaft, die als Gatekeeper für die Beschaffung des Sterbemittels fungiert, gibt sich über ihren Berufsverband «Foederatio Medicorum Helveticorum» (FMH) und die SAMW eigene Leitlinien. Diese sind nicht Gesetz, sondern ethische Standards, die den Rahmen enger abstecken als das Gesetz. Nach der letzten SAMW-Leitlinie von 2018 über den «Umgang mit Sterben und Tod» zählen vor allem die Urteilsfähigkeit dazu, und dass «die Krankheitssymptome und/oder Funktionseinschränkungen […] Ursache unerträglichen Leidens» sind (SAMW 2018, 26). Das Kriterium der Urteilsfähigkeit schliesst Menschen mit Demenz ab einem fortgeschrittenen Stadium sowie Patient:innen mit akuten psychischen Beeinträchtigungen aus. Strittig ist derzeit die Frage, ob Multimorbidität und eine daraus folgende Lebensmüdigkeit bzw. Lebenssattheit als unerträgliches Leiden gilt und einen Altersfreitod rechtfertigt. Im Kontext dieser Debatte wünscht sich eine wachsende Anzahl von Exit-Mitgliedern eine Enttabuisierung und Ermöglichung des Bilanzfreitods und ist dabei eine gesellschaftliche Diskussion darüber anzuregen (Exit-Info 1.2020, 4–9).

Was die Praxis der Umsetzung eines Suizidwunsches betrifft, können Sterbewillige, die keine psychiatrische Diagnose haben, sich an ihre Hausärzt:innen wenden. Diese können ein Rezept ausstellen, sind dazu aber nicht verpflichtet und können es aus Gewissensgründen ablehnen. In diesem Fall übernehmen Konsiliarärzte oder Konsiliarärztinnen der Organisationen die Abklärung durch Gespräche mit der betroffenen Person und ihren Angehörigen sowie die Sichtung der Krankenakten und der Arztberichte. In den Fällen, in denen die Urteilsfähigkeit z. B. durch die Diagnose «Altersdepression» in Frage gestellt ist, muss ein Fachgutachten eingeholt werden. Dies kann ein langwieriger Prozess sein, da viele Fachleute aus der Psychiatrie diese Aufgabe aus Gewissensgründen generell ablehnen.

Ein assistierter Suizid gilt rechtlich als ein aussergewöhnlicher Tod, weshalb es einer forensischen Abklärung durch Polizei und, je nach Kanton, auch Staatsanwaltschaft bedarf. Die Strafverfolgungsbehörden schliessen dabei aus, dass es sich um ein Tötungsdelikt oder eine Manipulation handelt. So gesehen, ist ein assistierter Suizid ein besonders sicher festzustellender Tod, was den Ausschluss eines versteckten Gewaltverbrechens betrifft (seit 2017 läuft an der Universität Bern ein Forschungsprojekt zur Dunkelziffer nicht-natürlicher Todesfälle im Kanton Bern (Universität Bern 2017), weil Mediziner:innen bei der Leichenschau häufig Spuren eines Tötungsdelikts übersehen). Festzuhalten ist auch, dass es sich bei einem assistierten Suizid nicht um einen «einfachen Tod» handelt, wie manchmal unterstellt wird, sondern dass es eine Reihe an Abklärungen und Vorgesprächen braucht, die sich über einen längeren Zeitraum erstrecken.

Denise Battaglia (2020, 131–132) skizziert den Ablauf eines Sterbehilfeprozesses durch eine Sterbehilfeorganisation am Beispiel von Exit in acht Schritten:

1. Kontaktaufnahme mit der Organisation
2. Prüfung der Dokumente durch die Organisation (ärztliche Diagnosen, Bestätigung der Urteilsfähigkeit)
3. Besuch durch Freitodbegleiter:in bei der sterbewilligen Person zu Hause mit einem Gespräch über Sterbewunsch, Gründe, soziale Beziehungen und Alternativen zum assistierten Suizid (zum Ausschluss von kurzfristigen Krisen oder Druck von Dritten)
4. Wenn nichts gegen den assistierten Suizid spricht, wird das Rezept für NaP von einer ärztlichen Fachperson für die sterbewillige Person ausgestellt und gegen eine Vollmacht durch die Organisation beschafft und gelagert.
5. Suizidhilfe, wenn Betroffene:r bereit ist, normalerweise bei der Person zu Hause in Anwesenheit von Angehörigen. Sofern von dieser erlaubt, kann ein assistierter Suizid auch in einer Institution stattfinden, allenfalls auch in einem dafür bei der Sterbehilfeorganisation vorgesehenen Zimmer.
6. Die sterbewillige Person muss die Einnahme des Mittels selbst auslösen (die Flüssigkeit trinken und die Infusion öffnen) und zuvor erneut explizite Erklärung dafür abgeben. Vor Einnahme des NaP wird Magenberuhigungsmittel gegen Erbrechen verabreicht.
7. Betroffene:r schläft ein, verliert das Bewusstsein und stirbt rasch an Atemstillstand.
8. Aufgrund des ausserordentlichen Todesfalls muss die Polizei angerufen werden, welche – kantonal unterschiedlich – mit Amtsarzt, Staatsanwalt usw. erscheint, und die Situation und Verstorbene:r untersucht.

Die Tatsache, dass der Zugang zum Sterbemittel über medizinische Fachpersonen zu erfolgen hat, und dass die Sterbehilfeorganisationen oftmals nicht nur bei der Planung, sondern auch bei der Durchführung selbst helfen, bringt es mit sich, dass ein Suizid durch NaP fast immer identisch mit einem assistierten Suizid ist. Man kann das Mittel nicht für den Notfall zu Hause haben und spontan zu sich nehmen, wenn das Leiden unerträglich geworden ist, sondern muss den Zeitpunkt in Absprache mit der Begleitung im Voraus festlegen.

Das Thema Sterbehilfe wird sowohl, was die Praxis als auch was die Theorie betrifft, interdisziplinär diskutiert und erforscht. Aufgrund der medizinischen, juristischen, sozialen und ethischen Aspekte befassen sich Recht, Medizin, Philosophie, Bioethik, Theologie und Sozialwissenschaften damit (Borasio et al. 2017). Entscheidungen am Lebensende waren auch Teil des Nationalen Forschungsprogramms NFP 67 (Graf et al. 2014; Zimmermann et al. 2019). Eine gute Übersicht über die aktuelle Praxis gibt Claudia Gamondi (2020).

# Philosophische Grundfragen und narrative Antworten

Vor dem Hintergrund der theoretischen Überlegungen wurden konkrete Entscheidungsfindungsprozesse im Zusammenhang mit der Option eines assistierten Suizids untersucht. Dafür wurden 40 narrative Interviews geführt. Im Zentrum stand die Entscheidungsfreiheit im Sinne einer relativen Freiheit, die Personen können über ihr Lebensende so verfügen, dass sie selbst über den Zeitpunkt bestimmen. Relativ ist diese Freiheit, weil absolute Freiheit gerade im Bereich der Endlichkeit des Lebens ausgeschlossen ist und weil es im konkreten Leben bei Entscheidungsfreiheit immer um realistische und meist begrenzte Wahlmöglichkeiten geht. Dabei ging es um die Motive, die Werte und die Gründe von Menschen, die im Fall einer bestimmten Pathologie, Multimorbidität, Demenz oder auch von Lebensmüdigkeit die Option in Erwägung ziehen, ihr Leben durch einen assistierten Suizid zu beenden. Viele der Interviewten sprachen ausführlich über ihre persönlichen Überlegungen, Überzeugungen und Wertvorstellungen sowie über ihre positiven wie negativen Erfahrungen mit dem Lebensende nahestehender Personen und darüber, welche Schlüsse sie daraus für sich selbst ziehen. Dabei war immer auch die existenzielle Frage zentral, wer man selbst ist, sein will, werden und bleiben möchte. Das heisst, man hat über sich selbst reflektiert und eine Projektion in die Zukunft gemacht, die das eigene Ende mit einschliesst. Aus Gemeinsamkeiten, Unterschieden und Besonderheiten in den Aussagen und den Erzählungen der Interviewten ergaben sich Elemente für eine Erforschung der drängenden Fragen, als wie frei und damit moralisch legitim der Wunsch nach einem eventuellen assistierten Suizid eingeschätzt werden kann, und inwieweit die Bedenken hinsichtlich eines sozialen Drucks gerechtfertigt sind.

## Suche nach Interviewpartner:innen

Zum Thema Suizid gibt es umfangreiche Literatur aus so unterschiedlichen Disziplinen wie Medizin, Psychiatrie, Psychologie, Philosophie, Religionswissenschaften, Kunst oder Rechtswissenschaften. Suizide haben sich empirisch als Nachahmungstaten erwiesen. Der nach Goethes Roman benannte «Werther-Effekt», dass das Wissen um einen zeitnah stattgefundenen Suizid andere Suizide nach sich zieht, ist wissenschaftlich untersucht und Grund für die medienethische Entscheidung, grundsätzlich nicht über Suizide zu berichten (Ziegler, 2001). Daher findet die Kommunikation über dieses Thema nicht in einem breiteren öffentlichen Rahmen statt. Die Sorge, dass Suizide einen «Triggereffekt» haben können und nicht immer auf eine jeweils individuelle Entscheidung ohne konkrete Auswirkung auf andere begrenzt bleiben, steht auf einer faktenbasierten Grundlage. Was die moralische Dimension anbelangt, betrifft das Thema daher sowohl die Individualethik (eigene Entscheidung) als auch die Sozialethik (mögliche Auswirkungen auf andere).

Die abendländische Philosophie hat seit ihren Anfängen mit Sokrates ein besonderes Verhältnis zum Suizid. Der Verfassungsautor von Athen zog es im Jahr 399 v. Chr. vor, sich selbst zu vergiften als aus seiner Heimatstadt zu fliehen, in der er wegen des Verderbens der Jugend zum Tod verurteilt worden war. Nach der Überlieferung seines Schülers Platon vertraute er darauf, im Reich der Ideen und durch sie weiter zu leben: «In der Tat [...] trachten die richtig Philosophierenden danach zu sterben, und tot zu sein ist ihnen unter allen Menschen am wenigsten furchtbar» (Platon 1958, 67b). Der Überlieferung nach ist Sokrates gestorben, wie er gelehrt hat – im Kreis seiner Schüler, diskutierend. Der französische Maler Jacques-Louis David hat die Szene 1771 illustriert. Das heisst, zu Beginn der abendländischen Tradition gab es öffentliche Gespräche über einen Suizid, das Sterben, den Sinn des Lebens, die Möglichkeit von

Erkenntnis, das Wahre und das Gute. Zu Philosophieren und über Grundfragen von Erkenntnis und Existenz zu diskutieren, war in der antiken Polis überhaupt eine öffentliche Angelegenheit, wie man auf Raphaels Bild der Schule von Athen, 1510-1511, bestaunen kann. Am Anfang des 20. Jahrhunderts gab es durch Martin Buber und Franz Rosenzweig einen Versuch, in der späten Moderne die Philosophie wieder stärker aus den Universitäten heraus in die Öffentlichkeit zu führen, ebenso wie Sokrates durch Dialog statt autoritäre Belehrung. In Paris wurde diese Tradition anregend durch Jean-Paul Sartre und Simone de Beauvoir gepflegt. Auch heute gibt es Interesse an philosophischen Themen, das sich in Phänomenen wie philosophischen Salons, Cafés oder Sendungen wie der SRF-Reihe «Sternstunde Philosophie» zeigt, oder an der Aufmerksamkeit, die der französische Philosoph und Publizist Bernard-Henri Lévy erhält. Doch zwischen der akademischen Philosophie und den Medien und der Öffentlichkeit ist im Allgemeinen eine gewisse Entfremdung zu verzeichnen.

Die Idee hinter dem Forschungsprojekt war, im Dialog mit Interessierten den grossen Fragen der Schlüsselwerte wie Freiheit, Selbstbestimmung, Würde und Lebensqualität nachzugehen. Dafür wurden Personen gesucht, für die ein assistierter Suizid eine Option darstellte und die bereit waren, in einem Gespräch Einblicke in ihre Gedanken, Motive und persönlichen Wertvorstellungen im Bereich Entscheidungsfreiheit, Lebensende und assistierter Suizid zu gewähren. Es war geplant, Interviewpartner:innen durch E-Mailverteiler, vor allem aber auch traditionell zu suchen durch Aushänge und Flyer an einschlägigen Orten. Durch die Covid-19-Pandemie und die Kontaktbeschränkungen fiel diese Möglichkeit aus, so dass die Rekrutierung ausschliesslich auf digitalem Weg stattfinden musste. In diesem Zusammenhang wurde die Hilfe der Sterbehilfeorganisationen besonders wichtig, ohne die es kaum möglich gewesen wäre, in zwei Monaten Zusagen für die angestrebte Zahl von 30 bis 35 Interviews zu bekommen, zumal aufgrund der Kontaktbeschränkungen Personen, die im Gesundheitssystem oder in der Pflege tätig sind, als mögliche Vermittler ausfielen. In diesem Zusammenhang galt es, ein anfängliches Misstrauen zu überwinden. Vertreter:innen der Organisationen wollten vermeiden, dass eine Studie zur Entscheidungsfreiheit darauf zielt, zu zeigen, dass die Freiheit bei näherer Betrachtung keine eigentliche Freiheit ist und deshalb entweder schon der Gesprächsleitfaden manipulativ ist, oder bei der Auswertung selektiv vorgegangen wird. Für die Forschung war es hingegen wichtig, keine indirekte Kampagne durch einseitige Auswahl der Gesprächspartner:innen zu machen. Nach einem Prozess der Vertrauensbildung schaltete schliesslich der grösste Schweizer Verein Exit einen Studienhinweis auf seiner Homepage auf; Dignitas und Lifecircle informierten ihre Mitglieder über E-Mail. Auch der Verein ALS-SLA, der an Amyotropher Lateralsklerose erkrankte Menschen und ihre Angehörigen unterstützt, wies auf seiner Homepage auf die Studie hin, die Stadt Bern, die Berner Fachhochschule und kleinere spezifische Verteiler versandten Rundmails.

Der Rücklauf war innerhalb kurzer Zeit stärker als erwartet. Insgesamt gab es rund doppelt so viele Gesprächsangebote als Interviews geplant waren. Dadurch gab es die Möglichkeit nach Kriterien der Heterogenität auszuwählen, so dass ein möglichst grosses Spektrum an Einstellungen und individuellen Wertinterpretationen abgebildet werden konnte. Es war wichtig, dass die Interviewten aus so verschiedenen Verteilerquellen wie möglich auf die Studie aufmerksam geworden waren, dass sie an unterschiedlichen Wohnorten ansässig waren, dass sie, sofern sie es vorab mitgeteilt hatten, in Alter und Gesundheit divers waren und dass geschlechtliche Identitäten ausgewogen repräsentiert waren. Schliesslich wurden 40 Interviews mit insgesamt 41 Menschen durchgeführt, von denen ein Paar gemeinsam teilnahm. Personen, die aus Gründen der vorgegebenen engen Zeit für die Durchführung des Projekts nicht interviewt werden konnten, wurden angefragt, ob sie einen schriftlichen Beitrag schicken wollten. Es gingen drei ausführliche Antworten mit umfangreichen und aussagekräftigen Berichten ein.

Auch bei der Durchführung der Interviews musste die Planung von traditionell-analog im Rahmen einer persönlichen Begegnung in den digitalen Raum verlegt werden. Aufgrund der pandemiebedingten Kontaktbeschränkungen wurden die meisten, nämlich 34 Interviews, zum Schutz aller Beteiligten per Video- oder Telefonanruf durchgeführt. Drei fanden an der Berner Fachhochschule statt, eines in einem Café in Zürich und drei bei den Interviewten zu Hause – jeweils unter Einhaltung der erforderlichen Schutzmassnahmen. Manche Gesprächsbeiträge waren synthetisch knapp und zielorientiert, andere ausführlich, nachdenklich, entwickelten sich erst beim Sprechen oder waren reich an Fakten und Erlebnissen, sodass das kürzeste eine Viertelstunde dauerte, das längste eineinhalb Stunden. Das facettenreiche Ergebnis kann man sich vorstellen wie das Bild Hauptweg und Nebenwege, 1929 von Paul Klee: In der Mitte führt vertikal ein gerader Weg aus vielen bunten Steinplatten zu einem Horizont aus blauen Linien, daneben gibt es eine Vielzahl an kleineren Wegen rechts und links des Hauptwegs, von denen sich einige treffen und dann wieder trennen, manche auch aufhören. Immer ging es um die Gründe für die Entscheidung, in bestimmten Fällen einen assistierten Suizid zu wählen, für manche lagen diese klar und eindeutig vor ihrem geistigen Auge, andere hatten mehr Zweifel – oder liessen absichtlich Fragen offen.

Die Interviews wurden von den zwei studentischen Projektmitarbeiterinnen Michelle Bütikofer und Kathy Haas und mir selbst anhand eines zuvor entwickelten Leitfadens durchgeführt, der eine narrative und offene Erzählweise ermöglichte. Ergänzende Fragen stellten sicher, dass die Kernthemen des

Erkenntnisinteresses angesprochen wurden (Döring & Bortz 2016, 376–377) und dass geäusserte Meinungen möglichst ausführlich begründet wurden. In 32 Interviews wurde Mundart gesprochen, in acht Hochdeutsch.

Alle Teilnehmenden haben ihr Einverständnis gegeben, dass die Ergebnisse der aus den Gesprächen gewonnen Erkenntnisse veröffentlicht werden durften. 34 Personen waren darüber hinaus mit der Übertragung der anonymisierten Transkripte und Metadaten in ein Repository einverstanden, das eine weitere Verwendung für andere Forschungen möglich macht (EUDAT 2021). Die Gespräche wurden im Zeitraum vom 15. April bis 10. August 2020 durchgeführt, währenddessen digital aufgezeichnet und im Anschluss daran wörtlich ins Hochdeutsche transkribiert und anonymisiert. Dabei erhielten die Interviewpartner:innen Pseudonyme, die das Lesen ihrer Aussagen angenehmer machen und ihnen die Persönlichkeit zurückgibt, die bei der Anonymisierung sonst verloren zu gehen droht (Meyermann & Porzelt 2014, 7). Einige der Interviewten wären gerne mit ihrem Klarnamen zitiert worden, doch aufgrund der wissenschaftlichen Neutralität wurden alle gleichbehandelt. Eine Liste der Pseudonyme mit einer Altersangabe und einem Verweis auf das entsprechende Interview mit dem jeweiligen Datum der Durchführung findet sich im Anhang. Die aus den Transkripten des mündlichen Gesprächs entnommenen Zitate wurden vorsichtig der Lesbarkeit angepasst, so dass der Lesefluss erhalten bleibt, ohne dass jedoch etwas am Inhalt verändert wurde.

Was die inhaltliche Analyse betrifft, war die Grounded Theory eine wesentliche Inspiration, da sie besonders für die Verflechtung philosophischer und empirischer Forschung geeignet ist (Strauss & Corbin 1999; Strübing 2014). Die Prozesse der Datenerhebung und der Datenanalyse entwickeln sich dabei parallel und greifen ineinander, so dass die theoretischen Vorarbeiten den Rahmen für die empirische Forschung schaffen, aber sie nicht überformen, sondern im Gegenteil durch sie bereichert und zum Teil verändert werden können. Das heisst, die Forschungsidee kommt aus einer theoretischen Vorüberlegung, aber die Empirie führt ihrerseits wiederum zu neuer Theoriebildung. Ausserdem wurden die verschriftlichten Interviews inhaltlich als Texte analysiert, ohne Berücksichtigung impliziter Informationen wie Stimmlage, Pausen, Wiederholungen oder nichtverbaler Äusserungen. Gegenstand der Analyse waren somit ausschliesslich explizite Aussagen, nämlich die mitgeteilten Gedanken, Erfahrungen und Handlungen. Es ging um den rationalen Gehalt des Gesagten und darum, es so genau wie möglich auf der Ebene der Argumente zu verstehen, nicht um einen Versuch, die Interviewten besser zu verstehen als sie sich selbst verstehen. Das mehrheitlich praktizierte Setting des Audio- oder Videoanrufs erwies sich für dieses Vorgehen als überraschend günstig. Obwohl einige Gesprächspartner:innen nicht digitalaffin waren, stellte die Technik kein Problem dar, sondern es schien fast, als ob die Kombination aus der Nähe, die sich beim Besprechen existenzieller Themen ergibt und der physischen Entfernung eher förderlich war.

Es liegt am Design der Studie, dass die meisten Interviewpartner:innen Mitglieder einer, sechs von ihnen sogar mehr als einer, Sterbehilfeorganisation sind, und deren Angebote an Information, Beratung und Begleitung schätzen. Umso wichtiger war es, durch die Vorauswahl sicherzustellen, dass eine spezifische Mitgliedschaft nicht zu einem bestimmenden Element wurde. 29 der Interviewten waren zu etwa gleichen Teilen über eine Sterbehilfeorganisation (Dignitas, Exit oder Lifecircle) auf die Studie aufmerksam geworden. 12 Personen hatten durch die anderen Verteiler davon erfahren.

## Hintergrund der Interviewpartner:innen

Das durch die Transkripte entstandene Textvolumen von ca. 600 Buchseiten (rund 1'480'00 Zeichen) wurde mit Hilfe des Textverarbeitungsprogramms MAXQDA analysiert. Die Software ermöglicht es, alle Texte einzeln zu erfassen und in einer Masterdatei zu einem Projekt zusammenzuführen. Dadurch ist es möglich, sowohl einzelne Argumente zu erfassen und numerisch auszuwerten als auch grössere Textabschnitte für eine Inhaltsanalyse auszuwählen und den jeweiligen Kategorien zuzuordnen. Die Transkripte wurden in einem ersten Schritt offen codiert, d. h. zentrale Aussagen wurden mit einem Code versehen. Diese ersten Analysen ergaben, zusammen mit der theoretischen Vorarbeit, das Codesystem. Es wurden ausschliesslich Textaussagen im Sinne einer qualitativen Inhaltsanalyse (Mayring 2000) codiert. Die Konversation selbst (Bloor & Wood 2006, 39) war, wie oben erwähnt, kein Studienobjekt, d. h. es ging darum, möglichst präzise den rationalen Gehalt des Gesagten zu verstehen und nicht Eindrücke oder Stimmungen zu interpretieren.

Der soziodemographische Rahmen stellt sich so dar, dass 19 Frauen und 22 Männer interviewt wurden, von denen sich drei Viertel als nicht religiös bzw. nicht praktizierend bezeichneten (Abbildung 1). Die Gesprächspartner:innen kamen aus 13 verschiedenen, überwiegend deutschsprachigen Kantonen, ein Wohnort blieb unbekannt, in einem Fall lag der Erstwohnsitz in Frankreich (Abbildung 2). Was das Geschlecht und die Konfession betrifft, wurden alle 41 Individuen gezählt, beim Wohnort nur die 40 Orte, aus denen die Interviewten kamen. Nach dem Gesundheitszustand der Interviewten wurde nicht systematisch, aber kolloquial gefragt (Abbildung 3). Vier Themenschwerpunkte dominierten bei den Antworten: die Kritik an Autoritäten (Abbildung 4); die persönliche Lebensqualität (Abbildung 5); der Wunsch nach einer grösseren Akzeptanz assistierter Suizide (Abbildung 6) und Einstellung zur Lang-

Abbildung 1   Religionszugehörigkeit der Interviewpartner:innen (n = 41)

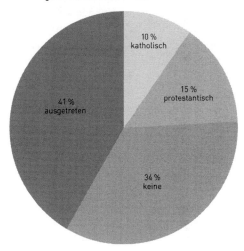

Abbildung 2   Wohnorte der Interviewpartner:innen (n = 40)

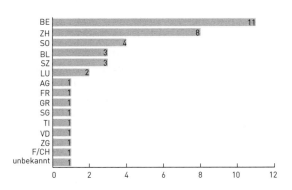

zeitpflege (Abbildung 7). Was das Problem der Autoritäten betrifft, bzw. der Hürden für einen Bilanzsuizid, wurden zur Illustration die Zahlen und Reaktionen der Zuschauer:innen des interaktiven Films «Gott» von Ferdinand von Schirach in der Schweiz und in Deutschland ausgewertet (Abbildungen 8 und 9). Die drei Beiträge, die per Mail kamen, wurden inhaltlich berücksichtigt, aber nicht bei der standardisierten Auswertung.

Auf eine regionale Auswertung nach Stadt, Agglomeration und Land wurde verzichtet, weil nicht zu erwarten war, dass sich daraus in diesem Zusammenhang relevante Erkenntnisse ergeben hätten – etliche Interviewte lebten z. B. nach der Pensionierung an einem Zweitwohnsitz, andere als Pendler:innen in ländlichem Umfeld, aber mit beruflichem und kulturellem Bezug zur Grossstadt.

Das Durchschnittsalter der Interviewten betrug 66 Jahre, wobei die älteste Person 92 Jahre alt war und die jüngste 43.

Das Spektrum der jeweiligen Gesundheitssituation der Interviewten (Abbildung 3) reichte von gesund (14), über genesen (6, im Detail: 4 nach Tumorerkrankungen, 1 nach Herzinfarkt, 1 nach einer operativ behandelten Entzündung der Dickdarmschleimhaut) bis zu krank oder stark verletzlich (19). Diese Informationen wurden spontan mitgeteilt, insofern die Erzählenden sie als relevant für den Entscheidungsprozess betrachteten, jedoch nicht standardmässig erfasst. Daher sind mit ihnen keinerlei Evidenzen verbunden. Oft waren Erfahrungen, die beim Miterleben von Krankheit und Tod Angehöriger gemacht wurden, ausschlaggebend für die eigene Entscheidungsfindung, so dass es in diesem Zusammenhang nicht sinnvoll war, zwischen dem Selbsterlebten und dem Miterlebten streng zu differenzieren.

Die meisten Interviewten berichteten von persönlichen Erfahrungen mit ernsten Erkrankungen und dem Sterben naher Angehöriger, sowohl natürlich oder spontan als auch durch assistierten Suizid (3), und auch durch gewaltsamen Suizid (5).

**Abbildung 3**  Gesundheitszustand der Interviewpartner:innen zum Zeitpunkt der Interviews (n = 33)

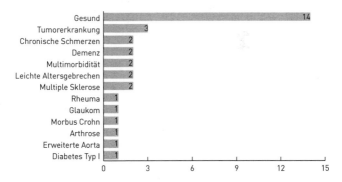

Erkrankungen, sowohl überstandene als auch akute und miterlebte, die genannt worden sind, betreffen Tumore (6), Demenz (4), Multimorbidität (2), Parkinson-Syndrom (1), Locked-in-Syndrom (1) und Depression (1).

Neun Interviewte kannten das Gesundheitssystem nicht nur als Patient:innen und Angehörige, sondern auch durch ihre Tätigkeit als Professionelle und Freiwillige, zwei als ärztliche Fachpersonen, zwei durch Palliative Care, drei durch Pflege, davon jeweils eine Person als Heimleitung, eine durch die Psychiatrie und eine durch Arbeit im Spital. Aus diesen Gesprächen ist hervorgegangen, dass trotz aller Qualitätskontrollen und pflegeethischer wie auch medizinischer Standards und persönlichen Engagements die Realität in den Heimen nicht immer den eigenen Ansprüchen genügt. Weitere Anstrengungen und vor allem eine Lösung des schwierigen Problems ausreichenden und gut ausgebildeten Fachpersonals könnten hier Verbesserungen bringen. Dennoch gibt es auch eine nennenswerte Anzahl an Personen, die Pflege unter bestimmten Umständen grundsätzlich nicht möchten, auch nicht unter den besten Rahmenbedingungen, die alle Kriterien respektvoller, empathischer Pflege auf der Höhe aktueller Kenntnisse erfüllen. Ihnen ist wichtig, dass sie diesen Verzicht individuell begründen, und dass er nicht per se mit einer Kritik an der erwarteten Pflegequalität verbunden ist. Diese Erkenntnisse dürften für Anbieter und Beschäftigte im Bereich der Pflege wichtig sein: Eine Person, die einen assistierten Suizid in Anspruch nehmen möchte, verbindet damit nicht notwendig eine implizite Kritik an der Pflegequalität. Sie würde auch bei weiteren zusätzlichen Angeboten nicht lieber betreut und gepflegt weiterleben. Das bedeutet, dass eine Entscheidung zum assistierten Suizid nicht notwendigerweise mit einem impliziten Vorwurf gleichzusetzen ist. Schuldgefühle oder Versagensängste seitens der Pflegenden, nicht genug getan zu haben, können daher unbegründet sein.

Ein Gesprächspartner, Herr Alber, ist ein halbes Jahr nach unserem Gespräch durch einen assistierten Suizid verstorben. Er hatte zwar eine Vorerkrankung, hatte zum Zeitpunkt des Interviews aber angegeben, sich bei guter Gesundheit zu fühlen. In seiner Werteerklärung vom 01.09.2018 hatte er auf sein religiöses Elternhaus Bezug genommen und sich mit den Theologen Dietrich Bonhoeffer und Karl Barth auseinandergesetzt. Das Ende der Erklärung lautet: «Ich habe das durchschnittliche Lebensalter eines Schweizer Mannes überschritten, was noch kommt ist ein Geschenk, für das ich dankbar bin, aber keine Verpflichtung für ein Weiterleben.»

# Sterblichkeit, Freiheit und Verantwortung

Das Lebensende im Allgemeinen ist ein Thema, mit dem sich die wenigsten Menschen gerne beschäftigen. Ist dieses Lebensende nicht ein schicksalhaftes Ereignis, sondern wird in seine Unverfügbarkeit durch aktives Handeln eingegriffen, indem eine Person ihr Leben durch eigenen Entschluss beendet, führt das zu noch grösserem Unbehagen. Was die Bibel als Urquelle der christlichen und jüdischen Theologie und vieler überlieferter Wertüberzeugungen westlicher Kultur betrifft, findet sich in ihr kein normatives Suizidverbot. Töten auf Verlangen wird sogar in der Erzählung über das Ende des glücklosen Königs Abimelech als Alternative zu einem von ihm als würdelos empfundenen Tod erwähnt (Richter 9, 54). Die ablehnende Haltung entwickelte sich erst später aus der Interpretation der Gottesähnlichkeit heraus. Es wurde als Frevel betrachtet, sich selbst als Gottes Geschöpf zu töten und sich über das Leben zu ermächtigen, was auch für den Islam als dritte grosse monotheistische Religion gilt. Dieses Vergehen wurde mit Ausstoss aus der Gemeinde bestraft, «Selbstmörder:innen» wurden nicht innerhalb, sondern ausserhalb der Friedhofsmauern beerdigt und brachten Schande über die Familie – eine Diskriminierung, die auch heute noch nachklingt. Während Hinterbliebene von spontan Gestorbenen oder von Opfern eines Unfalls oder einer Naturkatastrophe mit unmittelbarer Empathie, Solidarität und mit Trost rechnen können, gibt es gegenüber Hinterbliebenen von Suiziden immer noch Berührungsängste, in manchen Fällen sogar Missachtung (Gamondi 2011).

In der abendländischen Philosophie finden sich unterschiedliche Ansätze. Sokrates zog es, wie erwähnt, vor, Gift zu trinken, statt zu fliehen und sich wie ein Rechtsbrecher zu verhalten. Eine ähnliche Entscheidung traf der römische Philosoph Seneca, ins Bild gebracht durch Rubens («Der Tod des Seneca», 1612–1615). Der neuzeitliche Aufklärer Kant hingegen leitete aus einem moralischen Imperativ die Ablehnung der Selbsttötung ab. Er stellte den Grundsatz auf: «Denn vernünftige Wesen stehen alle unter dem Gesetz, dass jedes derselben sich selbst und alle andere niemals bloss als Mittel, sondern jederzeit zugleich als Zweck an sich selbst behandeln solle» (Kant, 1900 ff., GMS, BA 74–75). Die ethische Regel, dass man Menschen nicht zu Mitteln reduzieren dürfe, dass nicht instrumentell über sie verfügt werden darf, wendet er auch auf das Selbstverhältnis an. Auch das Individuum selbst dürfe nicht über sich verfügen, weil sonst die Regel der Unverfügbarkeit menschlicher Existenz nicht mehr universell gelten würde. Darüber hinaus sei der Suizid nicht Ausdruck von Freiheit, sondern zugleich mit dem Lebensende auch ihr Ende und damit ein Selbstwiderspruch (Kant 1900 ff. VE, Refl. 6801). Eine Generation später analysierte Schopenhauer sorgfältig die Geschichte des Suizids und stellte interkulturelle Überlegungen zum Verhältnis zur Endlichkeit im Verhältnis zum Buddhismus an. Er unterschied dabei bereits differenziert zwischen Suizidalität aus akuter Depression und Bilanzsuizid, den er als das Ergebnis einer rationalen Analyse beschreibt: «Im Ganzen wird man finden, dass, sobald es dahin gekommen ist, dass die Schrecknisse des Lebens die Schrecknisse des Todes überwiegen, der Mensch seinem Leben ein Ende macht» (Schopenhauer 1862, 332, § 159). Sartre thematisierte im letzten Jahrhundert latente Suizidalität am Beispiel der Höhenangst als ein existenzielles Phänomen, dass alle betrifft. Wer an einem Abgrund oder auf einer hohen Brücke steht, hat Angst davor, dass er oder sie sich hinunterstürzen könnte, ohne es wirklich zu wollen, aus Angst vor der Zukunft (Sartre 1993, 95 f.). Dieser selbstdestruktive Impuls und die Angst davor, zu einer Gefahr für sich selbst werden zu können, ist allerdings etwas anderes als eine rationale und längere Zeit in Anspruch nehmende Planung des eigenen Lebensendes unter Abwägung verschiedener

Argumente. Ebenfalls in der Mitte des 20. Jahrhunderts entstanden im deutschen Sprachraum drei Werke, die den Suizid als Ausdruck menschlicher Freiheit gegen das Unverfügbarkeitsgebot Kants rechtfertigten: 1966 Karl Löwith, «Die Freiheit zum Tode», 1976 Jean Améry, «Hand an sich legen» und im selben Jahr auch Wilhelm Kamlah, «Meditatio Mortis».

Bewusst oder unbewusst wirkt das, was war, was gedacht, vorgestellt und dargestellt wurde, nach und lässt sich auch in der Vielfalt heutiger Einstellungen wiederfinden. Die Gegenwart ist immer ein schwer durch- und überschaubares Ideen-Labor und im heutigen Zeitalter der Beschleunigung (Rosa 2005) führt auch der Wechselwirkungsprozess zwischen existenziellen Bedürfnissen und deren moralisch-ethischer Bewertung sowie rechtlicher Garantie zu einer hohen Anzahl an grundlegenden Änderungen pro Generation.

## Legalität, Legitimität, Ethik, Moral

In der Wissenschaft wie in der Öffentlichkeit gibt es eine lang andauernde und manchmal sogar erbittert geführte Debatte über das Für und Wider des assistierten Suizids bzw. der Freitodbegleitung. Es geht dabei in der Schweiz wie in einer wachsenden Anzahl von Staaten, die den assistierten Suizid strafrechtlich nicht verfolgen, nicht mehr um die Frage der *juristischen Legalität*, sondern um die der *moralischen Legitimität*, das heisst um eine philosophische Frage. Dass etwas legal oder nicht illegal ist, heisst, wie die Geschichte zeigt, noch nicht immer, dass es auch moralisch legitim ist. In einem Unrechtsstaat wie dem Dritten Reich oder der DDR kann eine Handlung perfekt geltendem Recht entsprochen und dennoch die universalen Menschenrechte verletzt haben. Das bedeutet, dass zur Garantie der Rechtmässigkeit notwendigerweise die Wertannahmen, die durch das Recht in Gesetze fliessen, sowie der politische Rahmen mitberücksichtigt werden müssen (Birkenstock & Dellavalle 2020).

Um ein, historisch gesehen, noch nicht weit zurückliegendes Beispiel für legales Handeln, das aber moralisch nicht legitim war, in der Schweiz zu nennen, sei auf die Verdingkinder verwiesen. Das Verfahren, nach dem die Kinder aus ihren Familien genommen wurden, entsprach geltenden Gesetzen, war aber nach heutigen Wertvorstellungen moralisch nicht legitim. In Schweden wurden um dieselbe Zeit Menschen mit Beeinträchtigungen ebenso legal sterilisiert, in Kanada wurden Kinder der First Nations im Namen der «Zivilisierung» aus ihren Familien gerissen. Diese und viele andere Beispiele, wie z. B. der Umgang mit Homosexualität oder mit dem, was noch vor kurzem «Ehebruch» genannt wurde, zeigen, wie innerhalb von wenigen Jahrzehnten Revisionen eines Wertesystems zur Notwendigkeit einer Änderung der Rechtslage führen können, und dass der Prozess der moralischen Legitimation mit dem der Legalität eng verwoben ist. Um abschliessend in diesem Zusammenhang noch auf zwei aktuelle Probleme Bezug zu nehmen, die eine andere Perspektive beleuchten, ist festzustellen, dass sowohl was das Verhalten gegenüber den Tieren im Spezifischen als auch der Umwelt im Allgemeinen betrifft, das legal Erlaubte für eine immer grösser werdende Gruppe ethisch nicht mehr vertretbar ist.

Was den assistierten Suizid betrifft, geht den einen der Spielraum heute schon zu weit und sie befürchten, verstärkt durch eine noch weitergehende Liberalisierung, eine ethisch problematische Unterhöhlung des unbedingten Lebensrechts. Die anderen würden hingegen, im Namen freier Selbstbestimmung, diesen legalen Spielraum gerne weiter ausdehnen, die Entscheidungsfreiheit der Individuen weniger durch Prozeduren wie Fachgutachten einschränken und Ethik ganz in den Bereich des Privaten und politisch-rechtlich Irrelevanten verbannen.

Gesetze bieten das Gerüst, um Werte, die sich in einem sozialen und politischen Raum zu Rechten entwickelt haben, möglichst neutral und stabil zu garantieren. Da die Werte und ihre Auslegung dem angedeuteten stetigen sozio-politischen Wandel unterliegen, muss das Recht regelmässig an neue ethische Standards angepasst werden. Aktuell kann man das z. B. an der Legalisierung der Ehe für alle beobachten oder am Recht, entsprechend der eigenen Geschlechtsidentität zu leben. Die Worte «Ethos» und «Mos», «Mores», von denen Ethik und Moral abgeleitet werden, bedeuten im Altgriechischen bzw. im Lateinischen «Sitte, Anstand, Gewohnheit», d. h. sie verweisen nicht auf ein statisches und hierarchisches Regelgerüst, das durch Autoritäten verwaltet würde, sondern eher auf einen kommunikativen und sozialen Prozess der Stabilisierung oder Aufweichung von Normen. Auf diese Weise ergibt sich ein immer neues Ausbalancieren von Legalität und Legitimität. Genau um diese Dynamik geht es auch bei den schwierigen Fragen, die ein selbstgewähltes und durchgeführtes Lebensende betreffen. Für die einen ist der assistierte Suizid eine selbstverständliche Konsequenz einer das ganze Leben ausgeübten Handlungsautonomie und ein Menschenrecht. Für die anderen ist er moralisch problematisch, weil sie darin ein negatives Vorbild und eine implizite Abwertung auf Hilfe angewiesenen Lebens sehen. Ausserdem vermuten sie, dass wenn ein Leben willentlich beendet wird, wenn über den Tod verfügt wird, die Gefahr eines rutschigen Abhangs droht: hat man diesen erst einmal betreten, rutscht man immer weiter ab, z. B. in aktive Euthanasie (*Slippery-Slope-* oder auch Dammbruch-Argument). Die Glaubenskongregation der katholischen Kirche veröffentlichte deshalb im September 2020, als Antwort auf die weltweit zunehmende Liberalisierung des assistierten Suizids, einen Brief, in dem sie ihn als Angriff auf die Menschenwürde bezeichnete und allen ihren Mitgliedern nicht nur die Inanspruchnahme verbietet, sondern auch die Begleitung und sogar die blosse Mitgliedschaft bei einem Verein, der Suizidhilfe leistet (Kongregation für die Glaubenslehre 2020).

Während die Hierarchien und Autoritäten der Legalität klar sind, gibt es für ethische und moralische Entscheidungsträger:innen keine analog verbindlichen Laufbahnen und Prüfungen auf der Grundlage eines festgelegten Kanons. Jurist:in wird man durch eine standardisierte Prozedur, nach einem erfolgreich abgeschlossenen Jurastudium und einem staatlichen Examen. Ethiker:in hingegen ist keine geschützte Berufsbezeichnung. Viele haben ein philosophisches, theologisches, psychologisches, juristisches oder medizinisches akademisches Studium absolviert, es gibt zertifizierte Fortbildungen und eigene akademische Bachelor- oder Masterstudiengänge. Aber ein qualifizierender Abschluss ist keine zwingende Voraussetzung, um in ethische Gremien gewählt zu werden. Das liegt zum einen daran, dass sich Ethik, wie alle Geisteswissenschaften, durch eine grössere Vielfalt an Quellen und Methoden auszeichnet, was zum anderen der Tatsache Rechnung trägt, dass ethische Überzeugungen deutlich stärker und schneller dem sozialen Wandel unterliegen als Rechtsnormen. Ethische Kommissionen haben daher in erster Linie beratende Funktionen und sollen die Berücksichtigung höherer Prinzipien und Werte bei fachlichen oder politischen Entscheidungen garantieren. Auf nationaler Ebene sind in ihnen auch Mitglieder der Zivilgesellschaft vertreten, damit möglichst viele Haltungen repräsentiert werden (Fuchs 2001), d. h. die Offenheit gegenüber nicht Professionellen ist gewollt.

Wer Probleme hat, welche die Gesetzgebung betreffen, wendet sich an eine Person, die ihre Kompetenz durch entsprechende Examen und berufliche Erfolge nachweisen kann. Wer vor einem moralischen Dilemma steht, kann das mit sich selbst und dem persönlichen Umfeld ausmachen oder professionelle Hilfe suchen, wobei allgemeinverbindliche Qualitätsstandards allerdings weniger helfen. Während Jurist:innen beispielsweise für falsche Beratung zur Verantwortung gezogen werden können, gilt das für Ethiker:innen nicht.

Die älteste Grundlagenwissenschaft der Ethik ist die Philosophie. Im westlichen Kulturraum wird sie seit etwa zweieinhalb Jahrtausenden, seit Platon und Aristoteles, systematisch betrieben. Zur gleichen Zeit entstanden in Asien der Buddhismus, der Daoismus und der Konfuzianismus, die ebenfalls Lehren richtigen Verhaltens enthalten. Sie stammt aus einer Zeit, in der Natur- und Geisteswissenschaften noch nicht getrennt waren und das Kriterium der Logik, des Denkens in strenger Folgerichtigkeit, der Beobachtung und Analyse, für alle Wissenschaften verbindlich war. Moralisches Handeln in seiner ganzen Breite ist bis heute ein eigenständiger Forschungsbereich mit philosophisch-historischen, analytischen und empirischen Methoden (Tugendhat 1984). Die Verwendung der Begriffe Ethik und Moral ist dabei nicht eindeutig und Definitionen unterliegen dem Wandel. Diese Unschärfe liegt nicht an einem Mangel an methodischer Strenge, sondern in der Sache, da eine inhaltliche Definition keiner objektiven Wahrheit entspricht und das sozial erwünschte Verhalten jeweils neu ausgehandelt werden muss. Jürgen Habermas hat daher vorgeschlagen, universal und interkulturell gültige Massstäbe guten und richtigen Verhaltens moralische Prinzipien zu nennen und bezieht sich dabei auf entwicklungspsychologische Studien, nach denen es z. B. in allen Kulturen einen Sinn für Gerechtigkeit gibt, den bereits junge Individuen entwickeln (Habermas 2010). Ethisches Handeln ist dagegen die Anwendung normativer und universal gültiger Prinzipien innerhalb eines konkreten und begrenzten Kontextes.

In jüngerer Zeit gibt es, ergänzend zu den geistes- und sozialwissenschaftlichen Ansätzen, den Vorschlag des Verhaltensforschers Frans de Waal, den Evolutionsbiologen Mitspracherecht bei der Formulierung ethischer Theorien aufgrund evidenzbasierter Forschungsergebnisse einzuräumen. Seine

Forschungen mit Primaten zeigen, dass die beiden Grundpfeiler Empathie und Reziprozität, auf denen jede ethische Theorie aufbaut, nachweislich älter sind als die menschliche Kultur (de Waal 1996, 34 ff.; 2009). So, wie es eine Evolution der physischen Gestalten gibt, lässt sich nämlich auch eine kulturelle Evolution der Interaktion beobachten, zu der die Entwicklung prosozialer Verhaltensweisen gehört. Auch diese Einsicht bestärkt, dass Ethik im weitesten Sinn als ein ständiger Entwicklungs- und Kommunikationsprozess zu verstehen ist. Wie Frans de Waal zeigt, können sogar grosse Paradigmenwechsel bei der Interpretation sozialer Interaktion fast unbemerkt geschehen. Bis zur Mitte des letzten Jahrhunderts war das Interesse der Verhaltensforschung an Primaten vor allem auf deren aggressive Verhaltensweisen z. B. gegenüber Konkurrenten verengt, wohingegen die stärker ausgeprägten sozialen, kommunikativen, kooperativen und empathischen Verhaltensweisen ausgeblendet wurden.

In offenen, demokratischen, säkularen und individualistischen Gesellschaften zeichnet sich seit dem Zerfall kompakter Weltanschauungen und Glaubensgemeinschaften eine Tendenz zur Privatisierung des Ethischen analog zu den religiösen Überzeugungen ab. Indem schon in den deutschen Worten *Sitte* und *Anstand* ein Moralismus im Sinne von traditionellen Verhaltensregeln nach dem Muster «das tut man (nicht)» anklingt, gibt es seit der Neuzeit eine Emanzipationsbewegung gegen eine solche traditionelle oder konformistische Ethik. In der Philosophie gehörten Schopenhauer, Kierkegaard, Nietzsche, Heidegger sowie Vertreter:innen der französischen und angloamerikanischen Postmoderne zu ihren stärksten Kritiker:innen. Heidegger schrieb 1927, im § 27 von «Sein und Zeit», sogar von einer «Diktatur des Man» als einer substanziellen Bedrohung für das *eigentliche* Selbstsein, das sich aus dem «Verfallensein» an diese Konformität herauslösen muss, um zu sich selbst finden zu können (Heidegger 1986, 126).

Die Abwendung von der Ethik als verbindlicher Deontologie hat viel zur Diversifizierung der Lebensformen beigetragen, aber sie kommt an Grenzen, wenn es nicht nur um private Fragen der Lebensführung geht: Was darf ich glauben, wie darf ich sein und erscheinen, welchem Geschlecht fühle ich mich zugehörig, wen darf ich lieben, wen kann ich heiraten, mit wem darf ich eine Familie bilden? Ethik fragt nämlich nicht nur, was gut für die Einzelnen ist, die das oft am besten selbst beantworten können. Sie fragt auch, was gut für alle ist, vor allem dann, wenn Handlungen direkt oder indirekt besonders starke Auswirkungen auf die Gemeinschaft und die Gesellschaft haben. Diese Fragen können nicht rein individualistisch beantwortet oder einfach ignoriert werden. Dafür braucht es einen gründlicher reflektierten Umgang mit den Werkzeugen des Denkens, des Sprechens und des argumentativen Begründens als das im Alltag der Fall ist. Genauso wenig wie man eine chirurgische Operation ausführen kann, weil man den Umgang mit einem Messer beherrscht, kann man ein komplexes ethisches Problem lösen, weil man alltägliche Problemlösung beherrscht, Sprechen gelernt hat und in der Lage ist, eine Meinung zu äussern. Das zeigt sich vor allem, wenn es um Leben und Tod geht, weshalb den Bereichsethiken der Biowissenschaften und der Medizin hier besonderes Gewicht zukommt.

Die Ursprünge der modernen Medizinethik finden sich, wie die der abendländischen Philosophie, im antiken Griechenland. Der bis heute zitierte hypothetische Ureid der Heilberufe wird – was philologisch umstritten ist – dem Arzt Hippokrates zugeschrieben. Ein Teil dieses Eides soll ausschliessen, jemandem, der um eine tödliche Substanz bittet, diese zu geben. Im «Schweizer Eid», den die standespolitische Organisation der ärztlichen Fachpersonen (FMCH) im Verbund mit der «Stiftung Dialog Ethik» und im Anschluss an die «Genfer Deklaration des Weltärztebundes» entwickelt hat, ist dieses Verbot nicht enthalten (Dialog Ethik, 2021). In der Medizinethik haben sich seit 1985 vier Grundprinzipien ärztlichen Handelns durchgesetzt, die als das «Georgetown-Mantra» bekannt sind, benannt nach der Universität der Autoren in Washington (Beauchamps & Childress 2019):

1. Selbstbestimmungsrecht der Patient:innen
   *(Principle of respect for autonomy)*
2. Prinzip der Schadensvermeidung
   *(Principle of nonmaleficence)*
3. Patient:innenwohl *(Principle of beneficence)*
4. Soziale Gerechtigkeit *(Principle of justice)*

Der empirische Teil der hier vorliegenden Studie konzentrierte sich vor allem auf die Frage der Umsetzung des 1. und des 3. Prinzips, den Prozess der Meinungsbildung und die jeweiligen Begründungen für die Option eines selbstgewählten Lebensendes. Sowohl das Selbstbestimmungsrecht als auch das Patient:innenwohl lassen sich dahingehend auslegen, dass ein assistierter Suizid durch die Einnahme einer ärztlich verschriebenen Substanz ethisch legitim sein kann. Wie das im Einzelnen begründet wird, wurde anhand von Kategorien, die sich aus der Analyse der Gespräche ergeben haben, analysiert.

### Sprache und Begrifflichkeit

Das letzte Jahrhundert war das Jahrhundert der Sprachphilosophie. Von Ferdinand de Saussure am Ende des 19. Jahrhunderts ausgehend, über Ludwig Wittgenstein bis zu John Searles Lebenswerk über die «Sprechakte» (Searle, 2007) wurde an der Erkenntnis gearbeitet, dass Sprache nicht vor allem Wirklichkeit abbildet, sondern selbst Wirklichkeit schafft. In den aktuellen Diskussionen über eine beiden Geschlechtern gerecht werdende Sprache und über einen Wortgebrauch, der implizite Beleidigungen vermeidet, wird deutlich, dass diese Thesen zutreffen. Auch die Phänomene des Wordings, des Brandings oder gleich eines ganzen Framings, also der Besetzung von Schlagworten und Interpretationszusammenhängen in der öffentlichen wie in der kommerziellen Kommunikation, weisen darauf hin. Wer eine Debatte verbal dominieren kann, hat auch Macht über ihren Verlauf. Im Zusammenhang mit dem assistierten Suizid lassen sich anhand der verwendeten Begriffe unterschiedliche Haltungen erkennen: Spricht man von Freitod, oder vom Begehen eines Selbstmords? Ist ein zu einem bestimmten Zeitpunkt selbstgewählter und ausgeführter Tod freier als ein spontan eintretender? Ist es im Zusammenhang mit Sterben und Tod überhaupt sinnvoll, das Adjektiv «frei» zu benutzen? Leisten diejenigen, die dabei sind und unterstützen, Begleitung, Hilfe oder Beihilfe? Kann man angesichts des medizinischen Fortschritts und der das hohe Alter und das Lebensende häufig charakterisierenden Therapien und lebensverlängernden Massnahmen überhaupt noch von einem natürlichen Tod sprechen? Zu Recht hat sich die Bezeichnung assistierter Suizid durchgesetzt, denn die lateinischen Begriffe sind neutral. Assistieren reicht vom blossen Dabeisein bis zur aktiven Handreichung, und Suizid heisst wertfrei Selbsttötung. Die deutsche Übersetzung in Selbstmord unterstellt hingegen eine besondere Verwerflichkeit und beinhaltet eine moralische Verurteilung, für die es keine Entsprechung im Gesetz mehr gibt (es ist historisch gesehen noch nicht lange her, dass Menschen, die einen Suizidversuch überlebt hatten, angezeigt wurden und in vielen Ländern ist Suizid bis heute eine Straftat). Das Wort Sterbebegleitung wiederum gilt auch für alle anderen Arten des Beistands, die nichts mit einem assistierten Suizid zu tun haben, wie Palliative Care oder auch nicht professioneller menschlicher Beistand. Das Gleiche gilt für das Adjektiv selbstbestimmt – man kann auch ohne Vorsorge-Erklärung, Patient:innenverfügung und ohne Mitgliedschaft in einer Sterbehilfeorganisation selbstbestimmt sterben, wenn es der eigene

Wunsch ist, sich dem Lauf des Schicksals und den Entscheidungen von An- und Zugehörigen sowie der Fachpersonen anzuvertrauen. Noch heikler ist die Verwendung des Begriffs der Würde. Er wird häufig in Anspruch genommen, wenn betont wird, es ginge darum, sie durch langes Leiden, eine Veränderung der Persönlichkeit oder des Selbstbildes nicht verlieren zu wollen. Dabei muss aber immer unangefochten bleiben, dass auch alle, die aus Überzeugung oder aufgrund einer Abneigung gegen eine Vorausplanung des Lebensendes das Schicksal gewähren lassen, ihre Würde behalten.

Was die Bezeichnung Sterbehilfeorganisation betrifft, ist das eine nicht ganz korrekte Wortwahl, weil sie die Aktion der Selbsthilfevereine auf die Sterbehilfe bzw. auf die Suizidhilfe reduziert und den oft viele Jahre dauernden, an der Lebensqualität ausgerichteten Begleitprozess ignoriert. «Exit» und «Lifecircle» sind, laut ihrer Selbstbeschreibung auf ihren Homepages im Jahr 2020, Vereine für «Selbstbestimmung im Leben und im Sterben», «Dignitas» geht es um «menschenwürdig leben – menschenwürdig sterben». Im September 2021 heisst die Definition der eigenen Aufgabe bei Exit «Selbstbestimmt bis ans Lebensende», bei Lifecircle «Lebensqualität fördern und unterstützen», während das Motto von Dignitas unverändert geblieben ist. Die Suizidhilfe kann am Ende des Begleitprozesses stehen, ist aber nicht ihr einziger und nach ihrem Selbstverständnis auch nicht ihr wesentlicher Existenzgrund, sondern sie kann eine letzte Konsequenz im Namen der Selbstbestimmung und der Menschenwürde sein, gemäss einer liberalen Auslegung und vor allem in Übereinstimmung mit dem Selbst- und Weltbild der Akteure. Die englische Bezeichnung "Right-to-die-Associations" ist für diese spezifischen Organisationen präziser, weil sie sich lediglich auf die legale Dimension der Möglichkeit eines assistierten Suizids bezieht. Im Folgenden werden im Sinne der wissenschaftlichen Neutralität die Begriffe des assistierten Suizids, des spontanen statt des natürlichen Todes und, der Verständlichkeit wegen, die gängige Bezeichnung Sterbehilfeorganisation benutzt.

Das zu einem schnellen und schmerzfreien Tod führende Mittel (NaP) ist ein Schlafmittel, das in einer mehrfach tödlichen Dosis verabreicht wird und einer ärztlichen Verschreibung bedarf. Es ist ebenso wenig ein Gift wie jedes andere Pharmakon, das bei Überdosierung zum Tod führt, da die Regel des frühneuzeitlichen Mediziners Paracelsus immer noch gilt: «Alle Dinge sind Gift, und nichts ist ohne Gift; allein die Dosis machts, dass ein Ding kein Gift sei» (Paracelsus 1965, 210). Der Ernst des Themas gebietet einen vorsichtigen Umgang mit der Sprache, Verzicht auf Polemik, Differenzierung und das Bemühen zu verstehen. Das zeigt sich im Folgenden auch an der Verwendung der Begriffe Autonomie, Selbstbestimmung, Freiheit und Lebensqualität.

### Grundsatzdebatte zwischen Liberalen und Restriktiven

Vereinfacht dargestellt, lassen sich zwei Hauptlinien unterscheiden: Die eine priorisiert den Individualismus, das Individuum im Vollbesitz seiner Urteilsfähigkeit befähigt sich selbst, über das eigene Leben und Sterben bis zur Wahl des Todeszeitpunkts zu entscheiden, wobei Staat und Gesellschaft auf die Garantie des rechtlichen Rahmens reduziert werden. Die andere bettet das Individuum stärker in ein dialektisches Verhältnis zur Allgemeinheit ein, weshalb den Repräsentant:innen von Staat und Gesellschaft in Grenzsituationen eine Entscheidungskompetenz im Sinne einer Vertretung der Interessen aller zugeschrieben wird. Zwischen diesen beiden Grundhaltungen kann es zu Kollisionen kommen insofern sich Individuen durch ein restriktives Reglement ihrer Selbstbestimmung in einem Grundrecht verletzt sehen, wenn sie zu ihrem eigenen Schutz und zum Schutz der Gesellschaft möglichst davor bewahrt werden sollen, einen assistierten Suizid in Anspruch zu nehmen. Wer zur ersten Präferenz neigt, vertritt eher die Meinung, ich bin erwachsen, urteilsfähig, kann selbst am besten entscheiden, was das Richtige für mich ist und tue nichts Verbotenes, was anderen schadet. Es ist unangemessen und illegitim, wenn Autoritäten versuchen, mich an der Ausübung meines Selbstbestimmungsrechts zu hindern. Wer das zweite Modell vertritt, sagt, wir leben in einem Sozialverband, einer Gesellschaft, das heisst, es gibt immer Einflüsse, die auf individuelles Handeln wirken und von ihm ausgehen, weshalb eine so wichtige Entscheidung wie die über das Sterben nicht rein individualistisch getroffen werden darf. Ausserdem spielt bei den Argumenten gegen einen assistierten Suizid das Problem der Unverfügbarkeit eine Rolle. Für religiös orientierte Personen steht die Verfügung über das Lebensende in einem Gegensatz zu ihrer Überzeugung, Leben dürfe nicht beendet werden, weil es keiner irdischen Macht gehöre, sondern dem Schöpfer, der es erschaffen hat.

Die Kongregation für die Glaubenslehre im Vatikan hat im Herbst 2020, infolge der international zunehmenden Tendenz, die Hilfe zur Selbsttötung zu entkriminalisieren (z. B. Österreich, Deutschland, Spanien, Italien) eine harte Haltung dagegen eingenommen und den eingangs erwähnten Brief «Samaritanus bonus» publiziert. In ihm wird der assistierte Suizid nicht nur unter den Begriff der Euthanasie subsummiert, sondern die Autoren sehen darin sogar einen besonders schweren Fall, weil todkranken und verzweifelten Menschen statt Hoffnung der Tod ermöglicht werde und weil dadurch das Schöpfungsgeschenk des Lebens und des damit verbundenen Sinns vernichtet würde:

> *Dem Suizidenten Beihilfe zu leisten ist eine unrechtmässige Mitwirkung bei einer unerlaubten Handlung, die der Beziehung zu Gott und der moralischen Beziehung widerspricht, welche die Menschen untereinander verbindet, damit sie die Gabe*

*des Lebens teilen und am Sinn der eigenen Existenz teilnehmen.*
(Kongregation für die Glaubenslehre 2020, Abs. V.1)

Suizidhilfe wird verboten, kriminalisiert, lebenserhaltende Massnahmen wie Nährstoff- und Flüssigkeitszufuhr werden hingegen als geboten postuliert. Das heisst, das medizinisch Machbare wird als moralisch geboten kategorisiert. Einzig ein Therapieverzicht bei Aussichtslosigkeit eines Heilerfolgs und Palliativmedizin werden den konfessionell Gläubigen gestattet. Das bedeutet, dass in diesem Fall ein existenzielles Leiden am eigenen Verfall, das die Palliativmedizin nicht oder nur um den Preis der Bewusstseinstrübung lindern kann, ausgehalten werden muss. Der katholische Theologe Hans Küng sah in der Tradition, aus der diese Strenge kommt, einen Leidenskult, den er mit seinem Verständnis eines aufgeklärten Glaubens nicht vereinbaren konnte. Seine Schlussfolgerung lautet:

> *Aufgabe und Pflicht der Christen und der Kirchen in der modernen Gesellschaft ist es, an der vielschichtigen Bekämpfung des Leids, der Armut, des Hungern, der sozialen Missstände, der Krankheit und des Todes engagiert mitzuarbeiten. [...] Kreuzesnachfolge [d. h. ein Leben, das sich am Leben und Sterben des Jesus ein Beispiel nimmt] und Sterbehilfe schliessen sich folglich nicht aus.* (Küng 2014, 151)

Der strenge, fundamentalistische Ansatz denkt das Geschenk des Lebens immer noch zusammen mit der Strafe, in die sich diese Gabe ab dem Moment verwandelt hat, an dem die Menschen durch ihren Sündenfall das ewige Leben im Paradies verloren haben. Ursprünglich hatte Gott laut der biblischen Narration den Menschen das ewige Leben im Paradies geschenkt, in Harmonie mit allen Mitgeschöpfen und ohne Not. Diesen Schöpfungsfrieden haben sie jedoch durch das Streben nach Wissen und damit Macht zerstört und sind dafür mit Leid und Tod bestraft und aus dem Paradies verbannt worden: «Im Schweisse deines Angesichts sollst du dein Brot essen, bis du zurückkehrst zum Ackerboden; von ihm bist du ja genommen. Denn Staub bist du, zum Staub musst du zurück» (Genesis 3). Eine strenge Auslegung deutet das dahingehend, dass das Geschenk des Lebens auch dann nicht zurückgewiesen werden darf, wenn es sich in eine Qual verwandelt. Der liberale Ansatz löst sich hingegen von einer solchen metaphysischen Verklärung des Leidens und betrachtet seine Vermeidung als legitimes und sogar gebotenes Ziel.

Die Hauptsorge der liberalen Seite besteht darin, dass die Rechte der Einzelnen paternalistisch beschnitten werden und dass sowohl familiär als auch gesellschaftlich Druck *gegen* einen Entscheid zum assistierten Suizid ausgeübt wird. Die grösste Angst des restriktiven Lagers ist die vor einer Verkehrung der Freiheit zum assistierten Suizid in eine Art implizierte Aufforderung dazu, wenn ein Weiterleben von aufwändiger Pflege abhängig ist und viele Ressourcen in Anspruch nimmt.

Hinzu kommt die ethisch wie erkenntnistheoretisch bedeutende Frage nach der Möglichkeit von Freiheit überhaupt, die das philosophische Denken seit Jahrhunderten beschäftigt. Schopenhauer stellte in seiner Preisschrift über Willensfreiheit die Fragen, «Kannst du auch wollen, was du willst?» und, «Kannst du auch wollen, was du wollen willst?» (Schopenhauer 1978, 42). Dahinter steht keineswegs die Absicht, durch eine argumentative Strategie die Willensfreiheit (liberum arbitrium) ad absurdum zu führen, sondern sie vielmehr bestmöglich abzusichern (Birkenstock 2011). Ein erster Schritt dazu ist, die inzwischen auch durch neurowissenschaftliche Forschung nahegelegte Anerkennung der Tatsache, dass Freiheit aus mehreren Gründen nicht absolut sein kann (Pauen 2004; Roth 2004; Singer 2003). Der Wille ist abhängig von kognitiven Fähigkeiten genauso wie von Stimmungen, die ihrerseits aufgrund biochemischer Vorgänge variieren können. Idealvorstellungen, nach deren Verwirklichung der Wille strebt, sind wiederum mitgeprägt von der Kultur, der Geschichte und der Konstellation, die Personen im Kleinen (Familie), im Grossen (Gesellschaft) und im Bereich dazwischen (Gemeinschaft) umgibt. Rechtsstaaten müssen einen relativ freien Willen voraussetzen, sonst müssten sie das Strafrecht abschaffen, weil es dort, wo keine Freiheit ist, auch keine Verantwortung gibt, und wo keine Verantwortlichkeit ist, auch keine Strafe sein kann. Die Unmöglichkeit, das Vorhandensein von Freiheit zu beweisen, trifft sich mit den Grundproblemen der Erkenntnistheorie wie der Wahrheit. An dieser Stelle ist Hans Vaihingers pragmatischer Vorschlag, so zu tun «als ob» hilfreich (Vaihinger 1986). Wir wissen, dass wir nicht völlig frei, sondern auf vielfache Weise vorgeprägt sind, wir wissen auch, dass unser Erkenntnisvermögen eingeschränkt ist, aber wir dürfen und müssen uns so verhalten, als ob das nicht so wäre, weil sonst auch niemand Verantwortung für das eigene Leben und Handeln tragen müsste.

Die Unschärfe des Begriffs Freiheit bedeutet, dass es nie leicht ist, den Rahmen des Spielraums zu definieren, in dem Entscheidungen als frei gelten können, dass es aber dennoch nötig ist, sich einer möglichst haltbaren und praktikablen Bestimmung zu nähern. Ein zweiter Schritt besteht darin, zwischen Willkür und Freiheit zu unterscheiden. Willkür bedeutet, ohne Rücksicht auf andere allein den eigenen Vorstellungen und Impulsen zu folgen. Demgegenüber erkennt die relative Freiheit der Entscheidung an, dass den Möglichkeiten vor dem Hintergrund der konkreten Lebensrealität Grenzen gesetzt sind und dass eine Handlung rational begründet werden kann.

Bei der Untersuchung von Selbstbestimmung, Willens- und Wahlfreiheit geht es um diese relative Freiheit. Niemand kann völlig frei von Einflüssen entscheiden, aber es ist dennoch möglich, im Rahmen von bewusst getroffenen Entscheidungen von Selbstbestimmung zu sprechen. Im Ausgang vom oben geschilderten dynamischen Prozess, in dem ethische Grundfragen ausgehandelt werden, war das Ziel der Studie, ein Bild davon zu bekommen, was Menschen zu dem Thema assistierter Suizid denken, die sich damit auseinandersetzen und wie sie geplante Entscheidungen in diesem Zusammenhang begründen.

## Entscheidungsfindung

Der dänische Philosoph Søren Kierkegaard hat ein rund 800 Seiten langes Werk mit dem Titel «Entweder – Oder» geschrieben, in dem er sich mit dem komplexen Zusammenhang von Freiheit, Verantwortung und auch den Schwierigkeiten, an Scheidewegen die richtige Richtung zu wählen, auseinandersetzt. Er hat keine systematische Ethik, keine Hierarchie aus Normen, Pflichten und Werten ausgearbeitet, sondern gerade im Ringen um die bestmögliche Entscheidung in der Spannung zwischen Freiheit und Verantwortung ihren Kern gesehen: «Überall, wo in strengerem Sinne von einem Entweder/Oder die Rede ist, darf man jederzeit sicher sein, dass das Ethische mit im Spiel ist» (Kierkegaard 1922, 151). Das deutsche Wort «Entscheidung» ist verwandt mit den Worten «Wegscheide», «Wasserscheide», «Scheidepunkt». Ein Sowohl-als-auch ist nicht möglich, sondern nur das eine oder das andere, so wie Regentropfen, die auf die Rhein-Rhone-Wasserscheide fallen, nur entweder in die Nordsee oder ins Mittelmeer fliessen können. Das altgriechische Verb für entscheiden, «krínein», bedeutet auch «trennen» und ist verwandt mit dem gut bekannten Fremdwort «Krise». Das weist ebenfalls darauf hin, dass eine überlegt getroffene und sorgfältige abgewogene Entscheidung nie ein leichtes Unterfangen ist. Im aus dem Lateinischen kommenden englischen Wort "decision" steckt sogar das Verb «abschneiden», da man in dem Moment, in dem man eine Entscheidung trifft, andere Möglichkeiten aufgeben muss.

Um entscheidungsfähig zu sein, braucht es wesentliche objektive wie subjektive Vorbedingungen. Zunächst muss ein Spielraum vorhanden sein, d. h. es muss möglich sein, eine Entscheidung zwischen mehreren Wahlmöglichkeiten überhaupt treffen zu können. Im Zusammenhang mit dem assistierten Suizid heisst das, dass es einen entsprechenden gesetzlichen Rahmen braucht und eine Infrastruktur zur Inanspruchnahme der Assistenz. Ausserdem ist Erkenntnisvermögen und Urteilsfähigkeit nötig, d. h. eine Person muss den Spielraum, den sie hat und die Auswirkungen, die eine eventuelle Entscheidung für das Sterben hat, verstehen können. Darüber hinaus muss sie auch noch handlungsfähig sein, um den Entschluss durch Einnahme des Mittels oder durch Öffnen der Infusion umsetzen zu können.

Ein solcher Entscheidungsprozess setzt ausserdem eine gewisse zeitliche Erstreckung voraus und lässt sich in drei Phasen unterteilen: 1) die *Sondierung* der möglichen Optionen als Ausloten des objektiven Handlungsspielraums; 2) die *Analyse* des Sondierungsergebnisses unter Einbeziehung subjektiver Präferenzen; 3) die *Auswahl* der am besten bewerteten Option (Pachur, Mata & Schooler 2009). Die Sondierung betrifft mögliche Handlungsalternativen und geschieht im besten Fall mit kompetenter Beratung, die hilft, ein konkretes, realistisches Bild zu zeichnen. Durch die Analyse werden von den objektiv vorhandenen Möglichkeiten diejenigen ausgewählt, die am besten mit den eigenen Wünschen und Vorstellungen kompatibel sind. Schliesslich wird in einem letzten Schritt eine *Bewertung* vorgenommen und diejenige Möglichkeit gewählt, die unter allen für eine Person wichtigen Gesichtspunkten als die beste erscheint. Es handelt sich dabei um einen Weg, der von den objektiven Bedingungen zur persönlichen Präferenz führt – auch hier geht es wiederum um einen komplexen, reflektierten und kommunikativen Vorgang, nicht um spontane Impulse.

# Der Wunsch nach einer modernen Ars moriendi

Sterben und Tod sind mit der Cornonavirus-Pandemie im Jahre 2020 und 2021 zu einem Thema geworden, das die ganze Welt betrifft. In den Industrienationen war das Sprechen über das Lebensende und das Miterleben von Sterben seit zwei Jahrhunderten aus der Mitte der Gesellschaft in die Spitäler und Pflegeheime verdrängt worden. Dort sterben immer noch die meisten Menschen, obwohl viele von ihnen in früheren Lebensphasen andere Wünsche zu ihrem hypothetischen Sterbeort geäussert hatten: «Die Mehrheit der Schweizer Bevölkerung wünscht zwar, im vertrauten häuslichen Umfeld zu sterben, aber die meisten Menschen sterben heute im Spital und Pflegeheim. Nur ein kleiner Teil verstirbt zuhause», stellt der Syntheseberi cht des Nationalen Forschungsprogramm 67 fest (NFP 67, 14). Diese Verdrängung des Todes aus dem Alltag und der daraus folgende Mangel an Gestaltung des Sterbens ist das Ergebnis einer wissenschaftlichen und gesellschaftlichen Grossanstrengung. Das noch in der frühen Neuzeit allgegenwärtige Sterben an Infektionskrankheiten und mangelnder Hygiene (z. B. bei Geburten) konnte zunehmend erfolgreich verhindert werden und die Lebensspanne stieg in den letzten dreihundert Jahren fast um das doppelte (Imhof 1981). Die Nebenwirkung des enormen Erfolgs bei den Heilungschancen und der Lebensverlängerung spüren jedoch viele, die zwar am Leben erhalten werden können, diesem aber keine Qualität mehr zuschreiben können. Daher forderte der historische Demograph Arthur Erwin Imhof bereits vor vierzig Jahren, dass dieser Prozess auch zu einer neuen Einstellung zum Tod führen müsse und plädierte für eine Renaissance der Kunst des Sterbens.

Im christlichen Mittelalter betraf die «Ars moriendi», die Kunst des guten Sterbens, allein die innere Haltung zum Sterben. Es ging darum, das irdische Dasein im Vertrauen und in der Hoffnung auf die in der Bibel versprochene Erlösung zu beenden (Imhof 1991, 32 ff.). Mit der Neuzeit war diese Kunst in Vergessenheit geraten. Säkulare moderne Gesellschaften beginnen heute langsam damit, eine nicht mehr an einen spezifischen Glauben gebundene Kunst des guten Sterbens zu entwickeln. Diese bezieht sich auf die Art und Weise, wie die Lebensqualität in der letzten Lebensphase so gut wie möglich erhalten werden kann, und zwar im dialogischen und informationsbasierten Austausch mit den betroffenen Personen. Ein Mittel, um diesem Ziel näher zu kommen, sind Vorsorgeinstrumente wie die Patient:innenverfügungen. Sie ermöglichen es, den Willen für das eigene Lebensende zu antizipieren und beispielsweise festzulegen, welche lebensverlängernden Massnahmen allenfalls nicht zur Anwendung kommen sollen. Auch die Entwicklung der Palliativmedizin, in der die Lebensqualität Priorität vor aggressiven Interventionen hat, ist Ausdruck eines offeneren Umgangs mit dem Thema Sterben. Hospize bieten geschützte Räume, Ruhe vor der Geschäftigkeit eines Spitals und ermöglichen einen ständigen Kontakt mit den Angehörigen, die sich, von der Pflege entlastet, auf das Zusammensein konzentrieren können. Auch die Planung eines assistierten Suizids als Akt der Gestaltung eines Lebensentwurfs bis zum Ende in Kohärenz mit dem persönlichen Selbstverständnis im Einklang kann als Auseinandersetzung mit der eigenen Endlichkeit zu einer neuen Ars moriendi gehören. Lebenskrisen und Stress können das Gefühl auslösen, nicht mehr zu wissen, wer man ist, sich selbst zu verlieren. Alles, was Sicherheit bieten kann, dass eine Person sie selbst bleiben kann, kohärent mit sich selbst, begünstigt Resilienz in Grenzsituationen (Rohner et al. 2021).

Wer sich beizeiten darum kümmert, kann die eher technisch-medizinischen Aspekte des Lebensendes besser verstehen, vor allem aber gründlich darüber reflektieren, was man erwartet, befürchtet, hofft und eventuell auf jeden Fall ausschliessen möchte. Die Palliativmedizin und die Überwindung der Zurückhaltung vor dem Einsatz bewusstseinsverändernder Substanzen am Lebensende konnte die Angst vor unerträglichen Schmerzen oder Atemnot weitgehend lindern. Das reicht jedoch einigen nicht, für die neben der Schmerzfreiheit auch eine Erhaltung ihrer geistigen Klarheit und die Vermeidung einer eventuell starken körperlichen und persönlichen Veränderung wesentlich sind. Aufgrund dieser Tatsache sehen die Interviewten einen Bedarf, das Sprechen über den Tod und das Sterben wieder stärker in die Mitte der Gesellschaft zu holen. Mit diesem Anliegen, das in allen vierzig Interviews im Vordergrund stand, beginnt die folgende detaillierte Beschreibung, zum Teil wörtliche Zitierung und Auswertung der Gesprächsbeiträge.

**Sprechen über Sterben und Tod**

Während sowohl in der Literatur als auch im Film gewaltsamer Tod und fremdverschuldetes Sterben in Form von Kriminalgeschichten populär sind, ist es das Reden über Sterben und Tod im Alltag nicht. Viele der Interviewten gaben an, dass sie den Mangel an Kommunikation über das Sterben bedauern. Nicht einmal in den Krankenhäusern sei es selbstverständlich, dass darüber in angemessener Form gesprochen wird, d. h. transparent, empathisch und kompetent.

Die Covid-19-Pandemie hat das etwas verändert. Frau Herzog meinte, sie habe die Endlichkeit des Daseins, die ihr persönlich keine Angst mache, allgemein stärker zum Bewusstsein gebracht. Frau Pascal teilte diese Einschätzung und verglich den Zwang, sich durch Covid mit dem Tod auseinanderzusetzen mit der Angst vor HIV-Infektionen in den achtziger Jahren des letzten Jahrhunderts. Drei Interviewpartner:innen fassten den Entschluss, angesichts der Lage in den Spitälern und der Sterblichkeit bei Intubation Patient:innenverfügungen zu verfassen. Herr Mundinger passte seine bereits vorhandene Verfügung an. Doch nicht nur die Sorge um das Leben überhaupt oder um eine vielleicht mit schweren Einbussen einhergehende Lebensverlängerung kam zum Ausdruck, sondern auch das Leiden an der Verschlechterung der mentalen Gesundheit. Während Frau Herzog und Frau Gabe die Entschleunigung durch das Herunterfahren des sozialen Lebens und der ökonomischen Aktivitäten als befreiend und entspannend erlebten, sprach Herr Geiger über eine Verstärkung seiner depressiven Tendenzen durch die Corona-Massnahmen. Probleme mit der Isolierung hatten auch drei weitere Gesprächspartner:innen. Frau Dörfler traf im Kleinen ihre persönliche Risikoabwägung und ging trotz der Hilfsangebote selbst einkaufen, um sich nicht im Haus abgeschnitten und einsam zu fühlen. Einige teilten ihre grundsätzlichen Gedanken über das Verhältnis von Freiheit und Sicherheit mit, bei denen eine ähnliche Konzentration auf die private Sphäre durchschien wie bei den Überlegungen zum assistierten Suizid – allerdings nicht nur in einem Bereich, der hauptsächlich sie selbst betrifft, sondern die Gesundheit und Sicherheit aller. Frau und Herr Nägeli hätten gerne weniger Sicherheit und keine Einschränkungen ihres Aktionsradius gehabt. Sie und Herr Freudenberg waren grundsätzlich skeptisch gegenüber dem Primat des Lebensschutzes. Ausserdem waren sie, wie Herr Laurent, besorgt über die ökonomischen Auswirkungen der Schutzmassnahmen. Eine andere Perspektive sprach Frau Stifter an, die aufgrund ihrer Mehrfachbehinderung und der Einschränkungen, die sie durch mangelnde Ressourcen erlebt, an einen assistierten Suizid denkt. Sie war die einzige Interviewpartnerin, die einen Zusammenhang zwischen ihrer finanziellen Situation und ihrem eventuellen Sterbewunsch herstellte und sprach mit Empörung darüber, wie schnell für die Eingrenzung der Covid-19-Pandemie Mittel gefunden wurden, im Gegensatz zu den teilweise unüberwindbaren Hürden, vor denen eine einzelne Patientin wie sie stehe.

Im Film «Patch Adams» von 1998 über den Begründer der Clownauftritte auf Kinderstationen kommt der Protagonist mit einem Sterbenden über entdramatisierende Alltagsmetaphern über das Sterben ins Gespräch, nach dem der Patient zuvor jede Interaktion verweigert hatte. Auch die Interviewten haben eine Vielzahl von Metaphern für den Tod allgemein oder durch einen assistierten Suizid benutzt, die die Kommunikation erleichtern. Eine Gruppe von Metaphern ist in Anlehnung an traditionelle Bilder formuliert: «Erlösung», «ruhig einschlafen dürfen», «sich möglichst schmerzlos ins Jenseits befördern», (Interviews 31, 14, 12). In einer weiteren Gruppe wird das Bild des Weggehens gewählt: «abtreten», «einen friedlichen Abgang machen» (Interview 32), «würdig gehen können» (Interview 39). Eine weitere Gruppe betont eher den Aspekt der Nothilfe: das «Hintertürchen» oder den «Notausgang» nehmen (Interview 11), «die letzte Rettung selbst machen» (Interview 8). Eine letzte Gruppe ist eher technisch und humorvoll: «ein Knöpfchen drücken» (Interview 31), «ein Wässerchen trinken», «den Stecker ziehen» (Interview 4), ein "one way ticket" buchen (Interview 8).

Dabei ist allen bewusst gewesen, dass es um den einmaligen und irreversiblen Vorgang des Sterbens geht. Die Metaphern hatten den Sinn, die Kommunikation zu beleben, nicht das Sterben zu banalisieren.

Die Einbeziehung des Redens darüber, wie eine Person sterben möchte, bzw. was sie auf keinen Fall erleben möchte, ist Teil des Wunsches nach einer neuen Sterbekultur. In den Interviews kam dies zum Ausdruck, indem beispielsweise ein Todesfall in der Familie Anlass gab, darüber zu sprechen: «Jetzt, beim Tod meiner Mutter, haben wir über den Tod mehr diskutiert als sonst. Sonst verdrängt man das ja eher und redet lieber über schöne Sachen» (Herr Lieblich).

> *Die Kommunikation findet jetzt statt, in der Auseinandersetzung mit der Situation meiner Schwiegermutter, mit dem Prozess, wo man mit dem Sterben und mit dem Tod konfrontiert wird, wo einem das selbst näher kommt, wo man dann denkt, «Ja wenn...?» und die Frage aufkommt, «Ja was willst denn du? Was wäre dir denn wichtig?»* (Frau Fuchs)

Darin spiegelt sich ein in westlichen Gesellschaften gängiger Umgang mit der Endlichkeit wider. Die Auseinandersetzung mit der eigenen Vergänglichkeit, den Vorstellungen zum Lebensende, Sterben und Tod sind nicht selbstverständlich. Sigmund Freud hatte diagnostiziert, dass im Unbewussten sogar jeder Mensch heimlich von seiner Unsterblichkeit überzeugt sei (Freud 1974, 49). Es braucht daher einen Auslöser oder Anlass – wie beispielsweise eine biografische Erfahrung, um sich mit der eigenen Endlichkeit auseinanderzusetzen.

Herrn Mundinger wurde zum Ende des langen Interviews bewusst, wie wichtig ihm das wiederholte Gespräch als Form der Auseinandersetzung mit dem Lebensende ist: «Wenn man darüber reden kann mit jemandem, dann tut man es, offenbar mache ich es dann doch gern.» Selbstverständlicher wird das Reden über den Tod manchmal mit zunehmendem Alter. Frau Dörfler berichtete, wie der Austausch über das Lebensende in ihrem hochaltrigen Umfeld jenseits des achzigsten Lebensjahres bereits zur Gewohnheit geworden ist: «Über das wird in meinen Kreisen, unter denen, die in meinem Alter sind, geredet.» und betont, wie wichtig ihnen dieser Austausch ist. Sie sprechen über Wünsche sowie die jeweiligen Ansichten und beziehen ihr Umfeld mit ein. Aber hohes Alter ist keine Bedingung dafür. Auch die rund dreissig Jahre jüngere Frau Viller meinte:

*Ich spreche auch mit meinen Kindern immer wieder darüber, wie ich es gerne haben würde, dass sie Bescheid wissen, auch darüber, wie ich beerdigt werden möchte und alles, was damit zusammenhängt. Ich denke, je öfter sie es hören, je mehr bleibt es ihnen im Kopf. Sonst denken sie: «Ja das Mami schwatzt wieder.» Ich möchte, dass sie Bescheid wissen und vorbereitet sind.*

Gewünscht wird eine ehrliche und egalitäre Kommunikation, ein Gespräch zwischen Partner:innen, die sich ihrer Verletzlichkeit bewusst sind und auf Augenhöhe miteinander sprechen, ohne Machtgefälle. Laut Kierkegaard sind alle Menschen «Mitsterbliche», die sich gerade aufgrund ihrer Verletzlichkeit empathisch zueinander verhalten sollten.

### Erfahrungen und Wünsche

Frühe und einschneidende Erfahrungen mit dem Tod und mit Suizid im persönlichen Umfeld führen zwangsläufig zu einer Auseinandersetzung mit dem Thema Sterben und Tod. Dabei können sowohl negative als auch positive Erfahrungen mit dem Sterben Motive für eine Entscheidung zum assistierten Suizid sein.

Zahlreiche Interviewte berichteten von biografischen Erfahrungen und Erlebnissen, beispielsweise in der eigenen Familiengeschichte, die für sie prägend waren oder zum Nachdenken über die letzte Lebensphase, das Sterben oder den Tod geführt haben. Manche regte das zu einer Auseinandersetzung mit den eigenen Wünschen an. Sie erzählten von biografischen Erfahrungen, die Einfluss auf ihre Persönlichkeit und damit auch auf ihre Entscheidungsfindung hatten. Dabei handelte es sich um Todesfälle von Eltern, Freunden, Kindern, Geschwistern, Ehepartner:innen oder im beruflichen Kontext. Einige haben auch einen pflegerischen oder medizinischen beruflichen Hintergrund und viele erwähnten nahe Personen aus ihrem persönlichen Umfeld, die in der Pflege oder als Mediziner:innen arbeiten. Sie verfügten damit über spezifisches Wissen und einen grösseren Erfahrungshorizont. Einige hatten Fortbildungen oder Kurse zum Thema Sterben, Palliative Care oder Biographiearbeit besucht, sind in diesen Bereichen politisch oder zivilgesellschaftlich engagiert oder als Freiwillige tätig. Es fiel auf, dass sie nah am Thema sind oder waren und sich individuell gründlich damit auseinandersetzten, was für sie persönlich ein assistierter Suizid bedeutet und welche Aspekte dafür prägend und relevant sind. Bei der individuellen Entscheidungsfindung wird dabei kein «einfacher» Weg eingeschlagen, insofern man das Leben beenden möchte, wenn es kompliziert wird. Es werden eher im Gegenteil komplexe und vielschichtige Argumente, Prägungen und Anschauungen bedacht und abgewogen.

Die Analyse der Interviews ergab ein breites Spektrum an Lebenserfahrungen, Reflexionen und daraus erwachsenen Wünschen zu verschiedenen Positionen. Frau Zimmermann berichtete von ihrem Miterleben in Bezug auf ihre Eltern am Beispiel ihres Vaters: «Es ist natürlich auch heftig gewesen auf der Intensivstation. Es gibt Bilder, wo man denkt: ‹Möchte man das für sich im Alter auch?›». Herr Wagner stellte einen Bezug zu seiner Einsamkeit her:

*Ich bin alleinstehend, habe keine Familie und kein Kind, von dem ich wüsste. Ich habe auch keine Geschwister, keine Cousins, überhaupt niemanden. Meine Mutter ist 97, aber wenn sie einmal nicht mehr ist, bin ich wirklich der letzte Mohikaner. Das geht mir durch den Kopf. Wenn man Familie hat, dann denkt man sich vielleicht eher: «Wenn es mir mal gesundheitlich schlecht geht, dann ist vielleicht jemand da, der mich pflegen kann oder mich zumindest besuchen kann», das ist ja bei mir nicht der Fall.*

Frau Gabe berichtete, dass sie immer die aktive Rolle übernahm, sich um andere zu kümmern, wobei sie selbst noch nie krank war. Auf die letzte Zeit vor ihrer Verwitwung zurückblickend meinte sie: «Wenn mal etwas war, dann war mein Mann da, und wir haben das gemeinsam getragen. Das fehlt jetzt natürlich. Meine Söhne leben auch nicht gerade in der nächsten Umgebung.» Viele Interviewpartner:innen berichten von Krankheiten in der Familie, oder auch ihren eigenen, die sie geprägt haben, wie beispielsweise Frau Herzog:

> *Als ich 12 Jahre alt war, stirbt mein Vater, der Arzt war. Ich bin die älteste von vier Kindern und ich erlebe eine sehr eklige Krankheit, die stinkt, die meinen Vater nicht mehr aufstehen lässt. Meine Mutter war Pflegefachfrau und seine Arztgehilfin, er war bei uns Zuhause. Und später, als ich 24 war, stirbt meine Mutter an Krebs. Als Älteste habe ich gekocht, gewaschen und Geld verdient. Meine Schwester hat zu meiner Mutter geschaut und ist Pflegefachfrau geworden.*

Auch Frau Wiesengrund war in ihrer Kindheit schon mit der Erkrankung eines Elternteils und der daraus sich ergebenden frühen Rollenumkehr konfrontiert:

> *Ich hatte eine schwierige Kindheit. Meine Mutter, die schon sehr früh krank geworden ist, konnte eigentlich gar nie für uns da sein. Es war immer so, dass wir für sie da waren. Wir [sie selbst und ihre Schwester] haben ständig Verantwortung übernommen. Bis ich ungefähr 18 oder 20 war, habe ich mich sehr alleine gefühlt, da war keiner da.*

Herr König war durch seine Familiengeschichte mit dem Lebensende im Zusammenhang mit Krieg geprägt worden: «Da hab' ich als kleiner Junge schon sehr viel gehört, und konnte nicht verstehen, wie das Leben himmeltraurig zu Ende gehen kann.» Frau Stifter, die mit einer Mehrfachbehinderung zur Welt kam, erzählte, wie ihre Eltern ihr keine Sonderrechte zugestanden haben: «Es gab überhaupt nichts, was meine Geschwister gemacht haben, was ich nicht auch machen musste.» Daraus ist ihr ein Selbstbewusstsein erwachsen, das sie gegen jeden Versuch der Einflussnahme verteidigt. Herr Lieblich berichtete, wie er beim Hausbau mithelfen musste und so zu seinem Beruf gekommen war, wie nah seine Bindung zu seinen Eltern gewesen ist und wie er intensiv bei der Pflege seines Vaters mitgeholfen hat, bis dieser zuletzt das Haus kaum mehr verlassen konnte. Als sein Vater dann nicht mehr zu Hause betreut werden konnte und er auf eine Pflegestation verlegt werden musste, wo er auch verstarb, fragte er sich, inwiefern sein Vater würdige letzte Lebenstage gehabt hatte:

*Ich bin dann am Montagabend zu ihm, habe ihm die Hand gehalten, mit ihm geredet. Da hat er schon keine Reaktion mehr gezeigt, aber er ist dann erst am Freitag gestorben. Was dazwischen gewesen ist, wie würdevoll das gewesen ist, da mache ich ein grosses Fragezeichen.*

Herr Reiser schilderte die dramatische Situation seiner Mutter, die an einer Demenz erkrankt war und am Lebensende häufig geäussert hatte, nicht mehr leben zu wollen:

*Die letzten Jahre waren nicht mehr schön. Insbesondere das letzte Jahr, wo sie nur noch bettlägerig und im Krankenhaus war. Sie hat mich gebeten: «Hilf mir, ich will sterben, besorg mir Medikamente oder drück mir ein Kissen auf den Kopf.»*

Sie hatte nicht mehr die Kraft für einen assistierten Suizid, nachdem sie zu lange gewartet hatte. Durch diese Erfahrungen sind ihm die finanziellen und persönlichen Belastungen der Angehörigen bewusst geworden. Er und sein Partner haben daraus den Schluss gezogen, vorzusorgen und in Pflegevorsorge zu investieren, so dass sie sich bei Bedarf eine 24-Stunden-Pflege leisten könnten.

Andere Interviewpartner:innen waren geprägt von ihren beruflichen Erfahrungen, wie beispielsweise Herr Schönfeld, der eine Pflegeausbildung gemacht und in Altersheimen gearbeitet hatte, wobei er gleichzeitig seine hochbetagte Mutter mitbetreute. Bei ihr stellt er fest, wie ihr Umfeld sich verkleinert: «Meine Mutter hat vor 20 Jahren noch fünf Freundinnen um sich gehabt. Die sind inzwischen alle gestorben.» Zudem berichtete er von einer Erfahrung mit einem gewaltsamen Suizid eines Freundes im Zusammenhang mit der Ablehnung von Sterbehilfe bei psychischen Erkrankungen:

> *Ich habe einen guten Freund gehabt, der, warum auch immer, depressiv geworden ist. Er ist in eine Art Abwärtsspirale reingekommen und es ist immer schlimmer geworden. Schlussendlich ist er wo runtergesprungen. Das ist wirklich ein Horror gewesen. Wir hatten uns zu einem Kulturanlass treffen wollen und er ist einfach nicht gekommen. Er hat keinen anderen Ausweg gewusst als eben den. Das ist auch mit ein Grund dafür gewesen, dass ich gedacht habe: «Wieso hat der so gehen müssen? Wieso hat der nicht anders gehen können, sagen wir auf sanftere Art?» Das gilt auch für die ganzen Zuggeschichten.*

Auch Frau Thomen hatte in der Pflege gearbeitet und erzählte traumatische Erfahrungen aus ihrer Berufszeit: «Ich habe eigentlich sehr häufig mit dem Tod zu tun gehabt. Auch mit Leuten, die Suizid gemacht haben. Wissen Sie, wie hoch das Spital ist? Ich habe dort ab und zu der Polizei geholfen, die Überreste derjenigen, die runtergesprungen sind, aufzusammeln.» Auch andere Interviewte erzählten von prägenden Erfahrungen mit gewaltsamen Suiziden in ihrem Umfeld, z. B. Herr Petri:

> *Ich komme aus einer Familie, in der es relativ viele Suizide schon in jungem Alter gegeben hat, nicht in der jetzigen Generation, sondern in der Generation meines Vaters. In seiner und der vorgehenden Generation haben sich ungefähr 50 Prozent der Männer suizidiert, und das sind relativ viele gewesen.*

Er hat ausserdem, wie auch einige andere Interviewte, Erfahrungen mit Sterbehilfe bei anderen Personen gemacht. Bei ihm war es der assistierte Suizid seines Vaters, den er als «sehr positiv und seinem Leben entsprechend» erlebt hat, woraus er für sich abgeleitet hat: «Ich habe gefunden, ich möchte mir diese Option offenlassen.» Dabei war ihm wichtig, den Möglichkeitscharakter zu unterstreichen, dass es nicht um eine bereits gefällte Entscheidung geht, tatsächlich oder wahrscheinlich selbst auch einmal einen assistierten Suizid in Anspruch zu nehmen, sondern nur darum, es potenziell tun zu können. Frau Gabe hatte ein befreundetes Ehepaar, bei dem die an Krebs erkrankte Ehefrau Sterbehilfe in Anspruch genommen und der Ehemann sich entschieden hatte, dass er ohne seine Frau auch nicht länger leben wollte:

> *Er hat gemerkt, dass bei ihm auch eine Demenz im Anmarsch ist. Man hat ihm gesagt, dass man sich um ihn kümmern würde, wenn sie nicht mehr da wäre, aber das hat alles nichts genützt – sie sind beide mit einer Sterbehilfeorganisation aus dem Leben gegangen.*

Herr Christopherus erinnerte sich an den Bilanzfreitod seines Vaters: «Der entscheidende Punkt ist wahrscheinlich gewesen, dass 10 Jahre früher mein Vater mit 93 echt lebensmüde gewesen ist, selbst ein NaP getrunken hat. Damals hat man das noch durch befreundete Ärzte erhalten können, also ohne eine Sterbehilfeorganisation.» Frau Salzmann berichtete von Erfahrungen aus ihrem freiwilligen Engagement auf einer Palliativstation über das wiederkehrende Phänomen eines spontanen Todes, der nach der konkreten Planung des assistierten Suizids eintrat:

> *Es passiert im Jahr zwei, drei Mal, dass sich ein Patient entscheidet, mit einer Sterbehilfeorganisation gehen zu wollen, und dann ist alles organisiert und einen Tag vorher oder in der Nacht vorher stirbt er auf der Station, weil es einfach den Moment vom Gehenlassen-Können gibt: «Es ist alles in Ordnung, es ist alles geregelt, ich muss nicht mehr zappeln.» Sie können sich dann gehen lassen.*

Frau Herzog erwähnte die Erfahrung des Sterbefastens in ihrer Familie: «Eine Grossmutter von mir hat das gemacht, drei Wochen lang hat es gedauert.»

Auch was die jeweils eigenen Wünsche und Hoffnungen vor dem Hintergrund ihrer Erfahrungen und Reflexionen betrifft, ergibt sich aus den Interviewaussagen ein weites Panorama. Viele Personen wünschen sich die Liberalisierung der Sterbehilfe, weniger strenge ethische Restriktionen und eine Erweiterung der Möglichkeit eines assistierten Suizids bei Lebensmüdigkeit. Herr Freudenberg begründet dies damit, dass das die von der Verfassung garantierte Freiheit nicht durch andere Instanzen wie Organisationen von Heilberufen eingeschränkt werden dürfe, weil er dies als entmündigend und damit auch als entwürdigend empfindet. Auch Herr König erwähnt, dass für ihn die Selbstbestimmung zentral ist als ein «Selbstbestimmend-sein-können» in allen Belangen. Frau Pascal betont, dass ein assistierter Suizid nur die zweitbeste Möglichkeit ist, eine immer weitere Akkumulation von Altersgebrechen nicht erleben zu müssen. Besser wäre es, sie revidieren zu können, doch dies sei der Phantasie vorbehalten, der Utopie des Jungbrunnens aus der Welt der Kunst: «Eigentlich lebe ich sehr gerne, also ich habe keine Lust zu sterben, denn ich möchte lieber leben und immer jung bleiben, aber das geht nicht.» Frau Künstler wünscht sich einen passenden Ort zum Sterben vergleichbar einem Geburtshaus: «Dass ich in eine Sterbeklinik gehen und mich hinlegen könnte, noch schöne Musik hören und dann das Pentobarbital schlucken und das wäre es dann gewesen.» Frau Salzmann fasst eine vielfach geteilte Hoffnung mit Humor zusammen: «Der absolute Wunsch, wie man aus dem Leben scheiden möchte, ist der, den wohl alle Leute haben: einfach irgendwann einmal einschlafen und nicht mehr erwachen – zum richtigen Zeitpunkt dann noch selbstverständlich.»

### Vorsorge

Dass es möglich ist, die Bedingungen des eigenen Lebensendes in gewissem Rahmen vorauszuplanen und zu antizipieren, was man jeweils wünscht, oder nicht wünscht, ist eine Errungenschaft im Namen der Selbstbestimmung und gehört zu den Persönlichkeitsrechten (Schaber 2017). Autonomie hat aber in diesem Kontext nicht ausschliesslich befreiende Aspekte, sondern auch belastende, weshalb es warnende Stimmen gibt, die Perfektionierung existenzieller Erfahrungen nicht zu weit zu treiben (Schuchter et al. 2020).

Die Sterbehilfeorganisationen in der Schweiz, insbesondere der älteste und grösste Verein Exit, setzten sich im Rahmen ihrer ersten Aktivitäten für die Einführung einer Patient:innenverfügung nach US-Amerikanischem Vorbild ein (Exit 2021). Im Jahr 2013 wurde das alte Vormundschaftsrecht von 1907 durch das neue Erwachsenenschutzrecht abgelöst. Darin wurden grundlegende Veränderungen, vor allem was den Grundsatz des Selbstbestimmungsrechts betrifft, umgesetzt. Schweizweit wurden die Patient:innenverfügung und der Vorsorgeauftrag eingeführt, die jeder handlungsfähige Mensch (urteilsfähig und volljährig im Sinne von Art. 13 ZGB, SR 210) im Rahmen der eigenen Vorsorge rechtsverbindlich abschliessen kann (Art. 360 – 373 ZGB, SR 210). Es handelt sich dabei um ein *Recht*, nicht um eine *Pflicht*. In der Patient:innenverfügung kann festgehalten werden, welche Behandlungen oder medizinischen Massnahmen zur Lebenserhaltung im Falle der eigenen Urteilsunfähigkeit angewendet oder unterlassen werden sollen. Zudem können eine oder mehrere Personen benannt werden, die die urteilsunfähige Person und ihren Willen vertritt bzw. vertreten. Um ein ähnliches Instrument handelt es sich beim Vorsorgeauftrag. Auch dieser ist durch das Gesetz geregelt und ermöglicht es, eine Person zu bestimmen, die im Falle der eigenen Urteilsunfähigkeit eine Vertretungsfunktion übernimmt. Während die Patient:innenverfügung den Bereich der Gesundheit abdeckt, können in einem Vorsorgeauftrag die Personen- und Vermögenssorge sowie die Vertretung in rechtlich relevanten Belangen geregelt werden. Teilweise können sich beide Instrumente antizipierender Willensäusserung bzw. Verantwortungsübertragung ergänzen und überschneiden, da durch einen Vorsorgeauftrag auch die Vertretung in Bezug auf medizinische Massnahmen autorisiert werden kann. Die in den Dokumenten aufgeführte Vertretungsperson muss eine Vertrauensperson sein, die zustimmt und in der Lage ist, den Auftrag zu übernehmen. Eine familiäre Bindung oder eine andere Art des Nachweises längerfristiger Bindung ist nicht notwendig. In einer Werteerklärung, die nicht durch das Gesetz geregelt ist, kann schliesslich noch zusätzlich die eigene Auslegung der Grundwerte festgehalten werden. Pro Senectute Schweiz führt im Leitfaden zur Werteerklärung folgende mögliche Inhalte auf: Ansichten zum bisherigen Leben, wie beispielsweise bereits erlebte Krankheiten und den Umgang damit, zur Gegenwart beispielsweise was unter Lebensqualität verstanden wird und Zukunftsvorstellungen, wann Abhängigkeit ein Problem darstellen würde (Pro Senectute 2021). Die

Werteerklärung gibt vertretungsberechtigen wie behandelnden Personen Hinweise auf den mutmasslichen Willen einer Person und deren Ansichten. Sie ist damit ein weiterer Baustein für die Umsetzung der Selbstbestimmung durch Vorsorge. Während es bei der Patient:innenverfügung darauf ankommt, sie mit fachkompetenter Beratung so detailliert wie möglich zu verfassen, damit sie im konkreten Fällen als Handlungsanweisung dient, beschreibt die Werteerklärung den moralischen Kompass einer Person. Ihre Interpretation ist im Einzelnen schwieriger, aber sie kann das Bild einer Person, die nicht mehr für sich sprechen kann, vervollständigen.

In vielen Interviews wurden Vorsorgedokumente erwähnt: «Wir haben eine Patientenverfügung und auch einen Vorsorgeauftrag, in dem ganz klar definiert ist, wie wir das wollen» (Herr Schwager).

Für Frau Herzog beschränkt sich Vorsorge nicht auf das Schriftliche, und sie berichtete mit einer Portion schwarzem Humor strahlend: «Ich habe auch eine Vorsorge geschrieben. Ich habe ein Testament geschrieben. Und ich habe eine Urne bei mir im Kleiderschrank. Da hängen oben die Hosen und unten steht die Urne.» Sie mag ihre Urne und auch die Visualisierung ihrer Trauerfeier löst bei ihr positive und keine negativen Gefühle aus. Einige Interviewte schickten ihre Patient:innenverfügung und Werteerklärungen als Mailanhang mit. Aus den Interviews ging hervor, dass, wer sich bei einer Sterbehilfeorganisation eingeschrieben hat, meistens eine Patient:innenverfügung verfasst hat und von der Organisation auch die Möglichkeit erhielt, diese elektronisch zu hinterlegen. Ausserdem gibt es die Möglichkeit, einen Ausweis bei sich zu tragen, auf dem die entsprechenden Abrufdaten aufgeführt sind, so dass behandelnde Fachpersonen im Notfall Zugriff darauf haben. So berichtete Herr Reiser im Interview, dass er und sein Lebenspartner sich gegenseitig eine Vorsorgevollmacht erteilt hätten: «Das ist auch notariell geregelt. Wir haben Vorsorgevollmachten. Wir haben die Patiententestamente. Das ist alles in der Notarrolle eingetragen. Wir haben beide die Kärtchen in unseren Portemonnaies.» Herr Laurent äusserte sich allerdings skeptisch zur Wirksamkeit der Hinterlegung der Dokumente und zur tatsächlichen Chance, sie im Notfall verfügbar zu haben:

> *Die Patientenverfügung tragen sie mit sich. Vielleicht hat ihre Frau sie noch oder irgendjemand, dem sie sie geben, aber es gibt kein zentrales Repository, das eine Garantie gibt, wenn sie notfallmässig ins Spital kommen. Das heisst, wenn meine Frau nicht da ist und ich nicht ansprechbar bin und eingeliefert werde, werden Massnahmen getroffen, die eigentlich meiner Patientenverfügung widersprechen. Das finde ich einen absoluten Quatsch. Da müsste ein zentrales Repository sein, welches sämtlichen Spitälern zugänglich sein müsste, dass sie, wenn sie einen Eintritt haben, ohne zu fragen sehen: die Person hat eine Patientenverfügung, in der sie dies und jenes festgelegt hat. Sonst macht die ganze Patientenverfügung überhaupt keinen Sinn. Bisher sind alle Versuche, so eine Datenbank einzurichten, immer abgelehnt worden. Aber eine Patientenverfügung, die niemand kennt, macht keinen Sinn.*

Er berichtete in diesem Zusammenhang von persönlich gemachten Erfahrungen bei notfallmässigen Spitaleintritten, bei denen die unmittelbare und normale Priorität die Lebenserhaltung ist.

Die Auseinandersetzung mit der eigenen Endlichkeit und dem Lebensende kann also in konkrete Vorsorge übersetzt werden (vgl. *Advanced Care Planning* nach BAG und palliative.ch). Dazu gehören die genannten Vorsorgedokumente, Gespräche mit den nächsten An- und Zugehörigen, mit der Hausärztin oder dem Hausarzt und allenfalls auch eine bewusste Wahl dieser potentiellen Gatekeeper, oder auch die Einschreibung bei einer Sterbehilfeorganisation. Manche, denen die gesellschaftspolitische Initiative für eine Liberalisierung der Sterbehilfe besonders wichtig ist, oder die sich mehrfach absichern wollen, dass sie Hilfe bei der Umsetzung eines Suizidplanes bekommen, sind auch bei mehr als einer Organisation Mitglied. Auf die Frage, warum er bei zwei Sterbehilfeorganisationen angemeldet sei, meinte Herr Mundinger: «Das gibt ein bisschen mehr Sicherheit. Wenn die eine nicht will, ist vielleicht die andere bereit.» Herr Rudolf bezeichnete seine Mitgliedschaft bei fünf nationalen und internationalen Organisationen sogar als sein «Hobby».

In den Interviews wurde im Zusammenhang mit der Vorsorge mehrfach nicht lediglich das Erstellen von Dokumenten, sondern vor allem auch das Gespräch darüber und über die eigenen *Wünsche und Werte* genannt. So gab die Erstellung von rechtlich verbindlichen Dokumenten nicht nur Anlass, die eigenen Gedanken festzuhalten, sondern auch in ein Gespräch mit Bezugs- und Vertrauenspersonen zu kommen und allenfalls entsprechende Abmachungen zu treffen:

> *Wir haben vereinbart, dass wir, wenn wir schwer pflegebedürftig werden, nicht zueinander schauen. Dann gehen wir ins Pflegeheim. Wir wollen dem anderen eine intensive Pflege nicht zumuten. Das würde ich natürlich in dieser Vorsorgeverfügung auch entsprechend festhalten.* (Herr Bärgi)

Auch Frau Zimmermann betonte die Bedeutung der Patient:innenverfügung für das Sicherheitsgefühl sowohl für sie selbst als auch für ihre Angehörigen: «Ich denke, da sind auch die detaillierten Patientenverfügungen sehr wichtig und dass auch das Umfeld genau weiss, was man will.» Frau Herzog beschrieb, wie das Erstellen der Dokumente eine Form der Entlastung für sie bedeutete, auch durch die Visualisierung ihres Begräbnisses: «Ich weiss, wann ich gehen will, und ich weiss, dass sie mich tragen sollen, diejenigen, die noch leben, und auf das freue ich mich irrsinnig. Das habe ich aufgeschrieben und jetzt steht es da. Ich muss nicht mehr daran denken.» In diesem Zusammenhang beschrieb sie auch, dass es sich dabei um einen mehrjährigen Prozess mit anderen Involvierten gehandelt habe. Auch andere Personen berichten in den Interviews über das Prozesshafte der Vorsorge und dass die Vorstellungen und Dokumente immer wieder der aktuellen Lebenssituation angepasst werden:

*Ich bin seit vielen Jahren Mitglied meiner Organisation und ich habe mich mit dem Thema bestimmt schon 20 Jahre auseinandergesetzt. Ich habe noch mein erstes handschriftliches Patiententestament irgendwo in einem Ordner, das ist noch aus den 90-er Jahren. Das habe ich dann immer wieder erweitert und meiner Lebenssituation angepasst. Es gibt auch Menschen, denen ich das Recht der Entscheidung übertrage, wenn ich in einer Situation bin, in der ich nicht mehr entscheiden kann.* (Herr Reiser)

Herr Wagner hat berichtet, dass er gezielt junge Vertrauenspersonen aus unterschiedlichen Lebensbereichen ausgewählt hat, mit denen er regelmässig Gespräche über verschiedene mögliche Szenarien und seine Wünsche führt und bespricht, ob sie deren Ausführung übernehmen können und wollen. Er möchte sie auch untereinander stärker miteinander in Kontakt bringen, um die Entscheidungslast zu verteilen: «Die lernen sich jetzt auch kennen. Dann sind sie, wenn es einmal soweit wäre, nicht allein mit der Entscheidung, sondern sie können sich anrufen. Dann können sie, glaube ich, seriös und vor allem in meinem Sinn entscheiden, weil sie mich gut kennen. Mit ihnen werde ich die nächsten Jahre immer wieder Kontakt haben, nicht, dass ich sie jetzt kenne und die nächsten zwanzig Jahre sehen sie mich nicht mehr, denn da kann sich ja bei mir was verändern. Wenn ich meine Ansichten ändern würde, dann wüssten sie das, deshalb denke ich, wir sind alle auf einer guten und sicheren Seite.» Frau

Fuchs reflektierte über die grundsätzliche Schwierigkeit, bei einer Vorausplanung zu ahnen und angemessen zu antizipieren, wie man in einem zukünftigen Augenblick empfinden würde: «Das ist ein Entscheidungsprozess, und doch ist der Moment später zentral, da muss man nochmals genau hinschauen, finde ich». Ausserdem kann, nach Frau Herzog, eine gewisse Offenheit und Flexibilität hilfreich sein:

> *Ich bin offen für die Überraschung. Man muss eine gewisse Balance halten: auf der einen Seite bis zum Ende denken, aber offenlassen, dass es vielleicht ganz anders kommt und dass es dann auch so gut ist. Dass man Konzepte auch immer wieder loslässt, das finde ich sehr wichtig.*

Doch nicht alle teilten dieses eher dynamische Entwicklungsmodell des Selbstseins. Herr Nägeli empfand es im Gegenteil empörend, dass die Patient:innenverfügung von ihm und seiner Frau angepasst werden solle und vertrat stattdessen die Ansicht, dass die dahinterstehenden Werte von Dauer seien und sich nicht mehr ändern:

> *Ich weiss, wann wir die letzte Patientenverfügung geschrieben haben. Wir haben sie 2013 updaten müssen, aber ich bin dagegen. Es ist eine Frechheit, wenn man einem nach ein paar Jahren unterstellt, man würde völlig anders denken. Wenn ich eine Patientenverfügung nicht update, heisst das doch, dass sie noch gilt. Das ist bei jedem Vertrag so. Die Patientenverfügung gilt bis ans Lebensende und jedes erzwungene Update ist einfach eine Frechheit.*

Mehrere Personen kamen darauf zu sprechen, dass das Lebensende, ihrer Überzeugung nach, eine einmalige Erfahrung sei und sie dafür eigentlich gar nicht auf bekannte Strategien der Bewältigung und des Umgangs damit zurückgreifen können.

Deshalb sehen sie strukturelle Grenzen, sich darüber genauere Vorstellungen zu machen und diese festzuhalten:

> *Jeder Tod ist individuell und man kann sich, wenn man gesund ist, noch so viele Gedanken machen, wie es dann sein wird. Wenn man konfrontiert ist und wenn es passiert, ist das einmalig. Darauf kann man sich eigentlich nicht vorbereiten. Man wird dann sehen, wie es sich präsentiert. Man kann sich intellektuell, noch so viele Gedanken machen, aber der Tod ist ein Mysterium und die Phase vor dem Tod, die ist auch individuell.* (Herr Matthies)

Die Zweifel an der Möglichkeit, sich auf die Erfahrung des Sterbens vorzubereiten, sind ihm einerseits durch seine berufliche Tätigkeit als Arzt, anderseits aber auch beim Miterleben des Todes seiner Mutter gekommen:

> *Meine Mutter hat einen Schlaganfall gehabt und ist dann ein Jahr lang im Pflegeheim gewesen und alle haben darauf gewartet, dass sie erlöst wird. Ich habe auch gedacht, es sei wirklich Zeit, und ich habe gedacht, ich sei vorbereitet, aber als sie dann gestorben ist, habe ich gemerkt, dass ich überhaupt nicht vorbereitet bin auf diesen absoluten Verlust. Auf das kann man sich nicht vorbereiten.*

Zusammenfassend ergibt sich also ein vielseitiges Bild von der Vorsorgepraxis. Je nach Persönlichkeit, wird geplant, als ob man ein statisches Selbst oder Ich verkörpert, das auch morgen die gleichen Wünsche wie heute hat, oder es bleiben offene Räume für Veränderung. Angesichts von Zweifeln an einer Planbarkeit, die auch Personen geäussert haben, die gründlich über das Lebensende nachdenken, ist abschliessend festzuhalten, dass sich ein Instrument der Freiheit und Selbstbestimmung nicht in eines der Pflicht verwandeln darf. Die Patient:innenverfügung ist als Versicherung gegen unerwünschte ärztliche Massnahmen entstanden, damit nicht andere über das Lebensende entscheiden. Inzwischen wird sie sowohl in Spitälern als auch in Pflegeheimen eher gewünscht, weil die Behandelnden dann im Notfall eindeutiger wissen, wie und ob sie intervenieren dürfen oder müssen. Viele, die sich auf den Studienaufruf gemeldet haben, haben die Notwendigkeit betont, über dieses Recht aufgeklärt zu werden und eine niederschwellige und umfassende Beratung angeboten zu bekommen. Dennoch darf das Recht, selbstbestimmt vorausplanen zu dürfen, nicht in eine Pflicht verkehrt werden. Moralische Pflichten lassen sich nur dort aus Rechten ableiten, wo die individuelle Umsetzung eines Rechts andere Personen in ihren Rechten berührt. Diejenigen, die aus unterschiedlichen Gründen keine Vorsorgemassnahmen treffen, weil sie nicht an ihr Lebensende denken wollen und darauf vertrauen, dass im besten Sinne für sie entschieden wird, sollten die Freiheit behalten, sich nicht damit zu befassen.

# Auslegung von Grundwerten

Seit den Anfängen des schriftlich dokumentierten abendländischen Denkens im alten Griechenland sind Grundfragen der Ethik strittig. Worauf kommt es im Leben an? Ist es das Glück, das Gute, die Erkenntnis der Wahrheit, die Gerechtigkeit, die Suche nach dem Sinn? Nichts scheint festgelegt zu sein wie ein Naturgesetz, sondern um richtige Antworten muss gerungen, manchmal auch gestritten werden, erst recht in einer offenen und pluralistischen Gesellschaft, die viele Optionen ermöglicht und sich ständig weiterentwickelt. Werte sind einem dauernden Wandel unterworfen, so dass kaum etwas unumstösslich zu sein scheint. Dass die höchsten universalen Grundwerte immer wieder neu interpretiert werden, bedeutet allerdings nicht, dass sie zur Disposition stünden. Die Anpassung der Auslegung an neue Lebensrealitäten ist im besten Fall kein Zeichen moralischer Beliebigkeit, sondern das Ergebnis eines mühevollen Kommunikationsprozesses, der zu einem respektvollen Pluralismus an Vorstellungen vom guten Leben führt. Die vier höchsten und ineinandergreifenden Werte, die in den Interviews angesprochen wurden, sind Freiheit, Würde, Selbstbestimmung und Lebensqualität. Freiheit hat dabei noch eine etwas umfassendere Bedeutung als Entscheidungs- oder Handlungsfreiheit bzw. Autonomie. Lebensqualität wurde, obgleich es Instrumente zu ihrer objektiven Erfassung gibt (z. B. WHO-Messinstrument WHOQOL), zu den subjektiven Kategorien gezählt, weil ihre jeweilige Definition eine Bandbreite aufweist, die in ihrer Feinstruktur nicht gänzlich durch objektive Kriterien abgebildet werden kann.

## Freiheit und Selbstbestimmung

«Freiheit ist für den Menschen wichtig», stellte Herr Dach lapidar fest. «Freiheit das eigene Ende zu planen und zu optimieren gehört wesentlich dazu», meinte Frau Grünwald. In diesen beiden Zitaten drückt sich eine unterschiedliche Wahrnehmung zwischen der Freiheit auf einer objektiven, abstrakten Ebene aus, die durch das Gesetz garantiert wird, und dem subjektiven, konkreten Freiheits- und Handlungsspielraum. Freiheit wird als Grundwert und Grundrecht angesehen, als wesentliches Merkmal menschlicher Existenz und als Garantie für Selbstentfaltung. Auch wenn Entscheidungs- und Handlungsfreiheit nie absolut gegeben ist, dient sie als Orientierungsmassstab und als eines der höchsten Rechtsgüter. Der Freiheitsentzug ist deshalb in Rechtsstaaten ohne Todesstrafe die härteste Massnahme des Strafvollzugs. Selbstverständlich ist in vielen Handlungsbereichen die persönliche Freiheit durch Regeln eingegrenzt, die das soziale Zusammenleben ermöglichen, aber dennoch gibt es innerhalb dieser Regeln einen Spielraum für subjektive Entscheidungsfreiheit.

Die Möglichkeit, über das eigene Leben selbst bestimmen zu können, gehört also zu den höchsten Gütern westlicher Gesellschaften. 2019 veranstaltete die Schweizerische Akademie der Medizinischen Wissenschaften (SAMW) eine Tagung zum Thema «Autonomie und Glück, Selbstbestimmung in der Medizin: Rezept für ein glückliches Leben?» (SAMW 2020) Die Frage, was dieses *Selbst* eigentlich sei, das über sich bestimmen möchte, das sich seine eigenen Gesetze gibt (auto = selbst, nomos = Gesetz), beschäftigt die Philosophie seit zweieinhalbtausend Jahren und in jüngerer Zeit besonders auch die Psychologie sowie die Kognitions- und Neurowissenschaften. Abgesehen von allen Definitionen, Evidenzen und empirischen Befunden, für die an dieser Stelle kein Platz ist, kann festgehalten werden, dass alle Personen, unabhängig von ihrem

Bewusstseinsgrad über ein vorreflexives Selbstbewusstsein und ein Selbstgefühl verfügen, das es ihnen ermöglicht, ihr Leben in ihrem Sinn zu gestalten, sofern es dafür den entsprechenden Raum gibt (Frank 2002). Genau das sei, betont der Psychologe James Hillman, der Sinn der Ethik: "Ethics emerges from character not as a virtue or vice, but as each character's particularity, and peculiarity. Each character brings along its bundle of values and traits [...]" (Hillman 2000, 180 f.).

Liberale Rechtsstaaten schränken daher den Rahmen persönlicher Freiheit so wenig wie möglich und durch nichts als durch legitim geltende Gesetze und Regeln ein, die basisdemokratisch beschlossen oder von einer demokratisch legitimierten Vertretung bestimmt werden. Um diesen grösstmöglichen Freiraum geht es Herrn Christopherus. Er stellt einen historisch-politischen Kontext her, wenn er sagt:

*Diese Entscheidung zur Sterbehilfe ist nicht eine Frage von Würde, sondern von individueller Freiheit. Man fällt ein Leben lang Entscheide, manchmal richtige, manchmal falsche. Meine Hauptbegründung, warum ich Sterbehilfe unterstütze ist, dass es ein wichtiges Element der individuellen Freiheit ist, und ich bin entsetzt, dass die Länder, die die Freiheit erfunden haben, nämlich England und Frankreich, noch so restriktiv sind.*

Man könnte hinzufügen, dass in den USA, dem dritten Staat, der auf globaler Ebene Freiheit und Demokratie vertritt, mittlerweile acht Bundesstaaten den assistierten Suizid zulassen. Die genannten Staaten, in denen eine Idee von objektiver Freiheit ein politisches Ziel war, und die Schweiz haben den Rahmen für individuelle und subjektive Freiheit vorgegeben, die alle Interviewten für sich in Anspruch nehmen.

Die Freiheit, das eigene Leben auf selbstbestimmte, aber begleitete Weise beenden zu dürfen, wird im Rahmen dieses weiten Freiheitskonzepts als ein fundamentales Recht betrachtet: «Ich bin ein absoluter Verfechter von der Freiheit des Menschen», leitet Herr Schwarz seine Mitteilung ein, Mitglied bei vier Sterbehilfeorganisationen zu sein. Es geht in diesem Zusammenhang um den Wert des Freiseins an sich, darum, dass das Leben der jeweiligen Person gehört, die damit machen kann, was sie will, sofern sie niemand anderem damit schadet. Diese Freiheit wird in Bezug auf die Beendigung des eigenen Lebens nicht an einer Bedingung festgemacht: «Mir geht es nur um die persönliche Freiheit in dieser Frage vom Sterben» (Herr Schwarz). Die kämpferischen individualistischen Standpunkte werden ergänzt durch einen eher auf die Innerlichkeit gerichteten Freiheitsbegriff, der sich mit dem des Loslassenkönnens trifft. Ganz im Sinne des analytischen Ethikers Ernst Tugendhat, nach dem die dritte Stufe der menschlichen Freiheit und Erkenntnisfähigkeit ein «Zurücktreten *von* sich» ist (Tugendhat 2003, 107), meint Herr Mundinger:

> *Wenn ich es fertig bringe dass ich sage, «Jetzt langt es einfach.» und die Freiheit spüre, dass ich jetzt gehen kann [...] Ich habe das Gefühl, das wächst in mir, es kann vielleicht noch zehn oder fünfzehn Jahre dauern, aber ich glaube, dass ich irgendwann einmal diese Haltung einnehmen werde, dass es mir eigentlich nichts mehr ausmacht, die Dienste der Sterbehilfeorganisation in Anspruch zu nehmen, dass ich keine Angst habe, sondern wirklich sagen kann: «So, es langt, es langt wirklich.» Dann, denke ich, wächst das Vermögen, sich lösen zu können.*

Das Loslassenkönnen als eine Tugend der Passivität, die nach einem langen von Aktivität geprägten Leben neu gepflegt werden kann, wird in neun weiteren Interviews erwähnt. Auch Herr Lieblich betont den Mut, den diese Haltungsumkehr vom aktiven Tun zum passiven Lassen braucht und drückt seine Zweifel aus, ob er ihn haben wird: «Ich kann Ihnen auch nicht sagen, ob ich dann den Mut haben werde, diesen letzten Schritt zu machen.»

Auch in der sozialen Dimension wird Freiheit ein wesentlicher Wert zugesprochen: «Einander sein lassen, jedem Raum geben, in dem er sich entfalten kann, wie er will» (Herr König). Dazu gehört auch das Frei- und Loslassenkönnen durch die Angehörigen. Für Angehörige kann der Entscheid zu einem assistierten Suizid aus mehreren Gründen eine Zumutung sein. Es ist schwer, den genauen Todeszeitpunkt im Voraus zu kennen und zu akzeptieren, dass das verinnerlichte Tabu, ein Leben aktiv zu beenden, gebrochen wird. Manche geraten in Gewissensnöte wegen der Prägung durch religiöse Autoritäten, manche empfinden wegen des aussergewöhnlichen Todesfalls und der damit einhergehenden forensischen Untersuchungen Stress und auch Scham. Das belastet wiederum auch die Sterbewilligen. Allgemein, auch unabhängig von einem assistierten Suizid, ist das Loslassen auf beiden Seiten wichtig, weshalb Frau Gabe meint:

*Dass man sich loslösen kann, das ist für einen selbst sehr wichtig, aber es ist auch für die Angehörigen sehr wichtig, dass sie loslassen können. Gut sterben kann ich, wenn ich loslassen kann und wenn die anderen loslassen können. Loslassen, das lernen wir ja eigentlich das ganze Leben lang, von irgendetwas loszulassen. Sterben ist das letzte Loslassen. Das muss die Person machen, die stirbt, aber auch das Umfeld. Die müssen auch loslassen können, damit der, der stirbt, auch loslassen kann. Das ist auch eine These aus dem tibetischen Totenbuch. Dazu gehört auch, dass man den Hinterbliebenen sagt, dass sie gut alleine zurechtkommen können ohne die Person, die stirbt. Dass die Person, die stirbt, weiss, sie kann gehen und die anderen können auch loslassen.*

Eine krankheitsbedingte Einschränkung des Aktionsraumes kann, vor dem Hintergrund eines starken Freiheitsbegriffs, dazu führen, dass sie mit einem vollständigen Verlust an Lebensqualität gleichgesetzt wird:

> *Wenn ich enorm abhängig werde von anderen Menschen ist es für mich ganz klar ein bewusster Entscheid, dass mein Leben für mich so nicht mehr lebenswert ist. Ich bin ein sehr freiheitsliebender Mensch, der alles selbst können und selbst machen möchte. Für mich käme eine Abhängigkeit von Menschen oder von Institutionen oder was auch immer nicht mehr in Frage. Für mich ist mein Leben dann nicht mehr lebenswert. Das ist aber meine ganz persönliche Entscheidung.* (Frau Lindner)

Es ist zu betonen, dass, wie auch beim Verständnis des Begriffs der Würde, viele der Gesprächspartner:innen explizit Wert darauf legen zu betonen, dass ihre jeweiligen dezidierten Meinungen zur Verwirklichung dieser Grundwerte Ausdruck persönlicher Präferenzen sind und nicht verallgemeinert werden dürfen.

### Dimensionen der Autonomie

Selbstbestimmung und Autonomie, Entscheidungsfreiheit, und zwar ausdrücklich einschliesslich ihrer negativen Dimension der Belastung durch Verantwortung, wurde in allen Interviews als unverzichtbare Grundvoraussetzung für Lebensqualität genannt. Wie das Bonmot von der «Qual der Wahl» besagt, bringt die durch Selbstbestimmung ermöglichte Entscheidungsfreiheit auch immer den Zweifel über die Richtigkeit des eingeschlagenen Wegs mit sich. Im Zusammenhang mit der Lebensqualität steht die Autonomie nach den beiden negativen Kriterien der Schmerzfreiheit und der der Leidensvermeidung an erster Stelle der positiven Kriterien. Verbunden mit der Option eines assistierten Suizids kann das bedeuten: «Für mich ist es einfach wichtig, dass ich voll da bin und selbst bestimmen kann, ‹Jetzt ist genug, jetzt will ich nicht mehr»» (Frau Losano). Die Variabilität, wann und unter welchen Umständen die Interviewten erwägen, ihr Leben selbst zu beenden, ist ebenso gross wie bei der Interpretation von Würde. Sie kann an einem Minimum an physischen Fähigkeiten festgemacht werden:

*In erster Linie ist die durch die zunehmenden muskulären Probleme eingeschränkte Selbstbestimmung ein Problem. Ich merke einfach, dass ich schnell nicht mehr kann. Das empfinde ich ein Stück weit nicht so würdig, wenn ich mich da einfach durchschleppe und nicht einmal sage: «So, jetzt ist genug.»* (Herr Geiger)

Neben der Möglichkeit, sich ohne Hilfe fortzubewegen, werden selbständige Ernährung und Körperpflege als wesentlich erachtet. Herr Schwager betont:

*Wenn Intimpflege und so weiter nötig ist, wenn ich mich selbst nicht mehr pflegen kann, wenn ich nicht mehr selbst den Löffel in den Mund nehmen kann, wenn ich mich nicht mehr selbst ausziehen und ins Bett gehen kann, das sind diese Punkte.*

Herr Laurent bezieht auch die psychosoziale Dimension mit ein:

*Autonomie ist für mich zentral, egal, ob physisch oder psychosozial. Also wenn ich zu einem Punkt komme, aufgrund meiner Krankheit oder wegen eines Unfalls, oder was auch immer passiert oder in der Zukunft passieren kann, was mich dermassen beeinträchtigen würde, dass ich mein Leben nicht mehr so führen kann, wie ich es will, und ich ständig auf die Hilfe Dritter angewiesen wäre, das wäre für mich ein "trigger point".*

Herr Christopherus fasst zusammen: «Ab dem Moment, wo ich mein eigenes Leben nicht mehr selbst managen kann, ist es Zeit zu gehen.»

Sich selbst managen, selbst bestimmen und wirksam sein, kann man aber genauso gut auch mit einer physischen Beeinträchtigung, wie Frau Losano beschreibt und dabei lacht:

*Ich bin der Chef! Ja, das muss ich klar sagen: Ich bin der Chef und ich bestimme, ob ich jemanden für meine Pflege will, oder nicht. Das ist über die Jahre aufgebaut worden. Ich habe meine fixen Leute. Ich erhalte jeden Monat von der Spitex den Plan, wer wann kommt. Ich möchte, dass ich morgens früh weiss, wer zur Türe hereinkommt.*

Sie ist stolz darauf, dass sie diese nicht selbstverständliche Monatsplanung aushandeln konnte. Zwar kann sie nicht immer selbst bestimmen, wer sich an den einzelnen Tagen um sie kümmert, aber sie kann eine grösstmögliche Autonomie im Sinne von Information darüber bekommen, wann jemand kommt, allenfalls ein Veto einlegen und damit Selbstwirksamkeit erleben.

Auch für Menschen mit einer psychischen Beeinträchtigung ist Selbstbestimmung nicht nur möglich, sondern eine wichtige Forderung, wie Frau Blies betonte, die eine kognitiv beeinträchtigte Schwester hat:

*Ich kann ja auch nicht bestimmen, dass ich bei Rot über die Kreuzung gehe. Meine Selbstbestimmung hat eigentlich auch Grenzen. Und so hat die Selbstbestimmung bei kognitiv beeinträchtigten Menschen auch Grenzen, aber dennoch gibt es innerhalb der Grenzen Spielräume. In Bezug auf meine Schwester heisst das, dass sie, als sie das intellektuell noch durchdringen konnte, ganz klar gesagt hat: «Doch, das möchte ich eigentlich», nämlich mit Hilfe einer Sterbehilfeorganisation aus dem Leben gehen.*

Das heisst, sie betont, dass auch Menschen mit kognitiven Einbussen der Weg zum assistierten Suizid grundsätzlich offenstehen sollte, wenn sie diesen Wunsch äussern und verstehen können, was das bedeutet (Böhning 2021). Dass Selbstbestimmung auch eine partnerschaftliche und kommunikative Dimension hat, unterstreicht Frau Herzog: «Mit meinem Mann ist abgesprochen, dass ich mit meiner Sterbehilfeorganisation gehen darf, oder dass ich Sterbefasten machen darf. Dadurch fühle ich mich selbstbestimmt.»

## Entscheidungsfreiheit

Im Rahmen der Studie wurde die sich aus der Selbstbestimmung ergebende Entscheidungsfreiheit besonders im Hinblick auf die Möglichkeit, das eigene Leben zu beenden, konkretisiert. Für Herrn Rudolf ergibt sich die Freiheit, das Lebensende zu wählen, bereits existenziell aus dem nichtgewählten Lebensanfang: «Wir sind auf die Welt gezwungen worden, wir hatten nicht die Wahl. Wenn ich aber dann gehen will, dann habe ich Verstand und entscheide selbst.» Es besteht also ein Ungleichgewicht zwischen dem Lebensbeginn, der allen Personen ohne ihr Zutun geschieht und dem Lebensende, über das sie verfügen können. Die Auffassung, das Leben sei ein Geschenk, für das man dankbar zu sein habe, ist kulturell verankert und nicht universal geteilt. In der christlichen Tradition hat man aus dem Schöpfungsmythos, nach dem den ersten Menschen das Leben im Paradies von Gott geschenkt worden war, abgeleitet, dass auch die irdische Weitergabe von Leben jeweils ein Geschenk an die Nachkommen sei. Noch im vergangenen Jahrhundert konnte man sagen, eine Frau «schenke» ihrem Mann Kinder und ihren Kindern das Leben. In der Bibel wurden Elternrechte festgeschrieben, aber keine Kinderrechte, da Kinder ihren Eltern und ihrem metaphysischen Schöpfer für ihre blosse Existenz dankbar zu sein und alles Leiden als gerechte Strafe für ihre Erbsünde zu tragen hätten. Barbara Bleisch hat eine Emanzipationsschrift gegen diese jahrhundertelange Tradition veröffentlicht und herausgearbeitet, dass Kinderpflichten nicht aus Verwandtschaft und Abstammung erwachsen, sondern allenfalls aus einer reziproken Ethik, die in allen prosozialen Beziehungen wirksam ist (Bleisch 2018).

Im Buddhismus ist die Vorstellung des Lebens als Geschenk nicht verbreitet. Der Inder Raphael Samuel möchte als «Antinatalist» seine Eltern verklagen, weil sie ihn mit den Leiden des Lebens belastet hätten (Zaslawski, 2019). Der Philosoph Arthur Schopenhauer, der sich für die buddhistische Lehre interessierte, meinte ebenfalls, angesichts des überwiegenden Leidens im Leben, sei es das Beste, auf weitere Fortpflanzung zu verzichten. Søren Kierkegaard, der sich in «Entweder – Oder» auf mehreren hundert Seiten aus unterschiedlichen Perspektiven mit der Möglichkeit, entscheiden zu können als auch mit der Last, entscheiden zu müssen auseinandergesetzt hatte, stellt fest: «Niemand kehrt von den Toten zurück, niemand ist in die Welt eingegangen ausser mit Weinen, niemand fragt einen, ob man hinein will, niemand, ob man hinaus will» (Kierkegaard 1922, 10). Daraus leitete er ab: «Ich bin nur ein Faden mehr, der in des Lebens Kattun hineingesponnen werden soll! Nun wohl, vermag ich gleich nicht zu spinnen, so vermag ich doch den Faden abzuschneiden» (Kierkegaard 1922, 15). Man durfte nicht wählen, ob und unter welchen Umständen man geboren wird, aber in einem liberalen Staat, in dem man selbstverantwortlich leben darf und sogar muss, sollte man konsequenter Weise auch das Lebensende wählen können, wenn es nach Herrn Rudolf ginge sogar ohne jede Einschränkung durch Lebensalter oder Erkrankung. In zwei weiteren Gesprächen wurde eine Parallele zwischen dem Anfang und dem Ende des Lebens gezogen. Herr Wagner verglich den assistierten Suizid mit der Fristenregelung beim Schwangerschaftsabbruch:

> *Wenn es um Schwangerschaftsabbruch geht, darf man darüber reden, da wird die Mutter geschützt und darf selbst bestimmen, was sie macht. Aber über mein eigenes Leben, da macht man so (hält sich beide Hände vor die Augen). Das finde ich brutal.*

Auch Frau Künstler plädiert für eine Fristenlösung ohne Beratungspflicht:

> *Wenn die Lebensqualität subjektiv nicht mehr stimmt und wenn man das über eine Zeit lang so sieht, d. h. wenn man das in einem halben Jahr immer noch so sieht, dann müsste man diesen Dienst in Anspruch nehmen können, ohne dass man mit irgendeiner Fachperson ein Gespräch führen muss. Das wäre das Ideale.*

Freiheit beinhaltet immer auch das Risiko des Irrtums, aber diesen Preis der Selbstbestimmung findet Frau Pascal gerechtfertigt:

> *Natürlich ist die Selbstbestimmung das Allerwichtigste. Ich hasse es, fremdbestimmt zu werden. Also wenn ich zum Beispiel eine schlechte Entscheidung getroffen habe, und die habe ich selbst getroffen, dann ertrage ich sie. Wenn aber jemand anders eine schlechte Entscheidung für mich getroffen hat, dann bin ich stocksauer.*

Es liegt am Studiendesign, dass es keine Stimme gegeben hat, für die ein freiwilliger Verzicht auf Vorausplanung im Namen einer schicksalsergebenen Gelassenheit die erste Wahl gewesen wäre. Daher sei, um das Bild zu ergänzen, auf diese Perspektive hingewiesen. Peter Gross schreibt in seinen Überlegungen zur gewonnenen Lebenszeit:

*Ist es nicht beruhigend, am Ende seines Lebens nicht mehr alles verantworten zu müssen? [...] Fährt man nicht besser mit der Annahme des Todes als mit seinem Management? Bindet die ständige Opposition zum eigenen Schicksal und das ständige Aufpassen auf den richtigen Zeitpunkt nicht zu viel Energie?*
(Gross 2007, 159)

Auch das bewusste Nichtentscheiden kann eine Wahl sein – es hängt von der Persönlichkeit ab, wie Aktivität und Passivität bewertet werden, ob Hilfe anzunehmen als eine Minderung der Lebensqualität betrachtet wird, ob die Möglichkeit, der eigenen Zukunft zu einem bestimmten Termin ein Ende setzen zu können, als Erleichterung, Empowerment oder als eine unheimliche Zumutung, vielleicht sogar als eine Sünde wahrgenommen wird. Nichts selbst managen zu müssen, kann, je nach Persönlichkeit, ebenso entlastend sein wie exakt vorauszuplanen und alles kontrollieren zu wollen. Man kann so, mit Vertrauen in die Mitwelt und vielleicht auch ein wenig Neugier die Dinge auf sich zukommen lassen.

## Entscheidungslast

Die Angst vor Fehlentscheidungen, die Unbehagen auslösen und zu Entscheidungsvermeidung führen kann, führt einige Interviewte zu einer Haltung, in der sich eine grosszügige Entlastung der Angehörigen durch eine offene Vorausplanung zeigt, die das Sprechen über den Tod nicht scheut:

*Das ist bis vor wenigen Jahren immer ein Thema gewesen, dass man den Tod mit solchen Gedanken quasi heraufbeschwört hat. Aber das Gegenteil ist der Fall. Wenn meine Angehörigen heute schon wissen, wie meine Gedanken aussehen und wann es für mich genug wäre, dann nehme ich denen eine riesige Entscheidungslast von den Schultern.* (Herr König)

Herr Mundinger geht so weit, dass er seine Angehörigen nicht nur von der Entscheidung entlasten möchte, sondern auch vom Dabeisein beim Sterben: «Ich will nicht meine Angehörigen zwingen, dass sie das auch noch miterleben müssen. Ich brauche niemanden der mir die Hand hält. Ich möchte alleine, einsam sterben, weil man so oder so einsam stirbt.» Eine Last bedeutet die Entscheidung für einen assistierten Suizid auch für die Entscheidungsträger:innen selbst. Im Gegensatz zum oft geäusserten Verdacht, sie würden sich das Sterben einfach machen, betont Herr Lieblich, dessen beide Eltern in einem Pflegeheim gestorben sind, und der für sich einen assistierten Suizid erwägt, den Mut, den eine solche Handlung voraussetzt. Auch Frau Bieri spricht von der Angst, die ein Entschluss zum Sterben auslösen kann: «Ich denke schon, dass ich das Mittel nicht angstfrei entgegennehmen könnte, und ich denke dass die Entscheidung: ‹Jetzt ist der Zeitpunkt da, jetzt möchte ich nicht mehr leben.›, sicher mit Angst verbunden wäre.»

## Freiheit von Autoritäten

Wer sich für eine weitere Liberalisierung und Globalisierung des Rechts auf einen assistierten Suizid einsetzt, versteht sich als Teil einer Emanzipationsbewegung und in der Konsequenz auch als Vertreter:in eines Menschenrechts, das das Recht auf Leben komplementär ergänzen sollte: «Das Recht auf einen friedlichen Tod, das ist ein Menschenrecht, und das sollte man sich selbst holen können, ohne grosse Unterstützung» (Herr Mundinger). Auch Herr Reiser meinte: «Also der Mensch muss das Recht haben zu sagen: ‹Es ist genug›, und er muss es auch nicht grossartig weiter begründen können und müssen, oder irgendwelche Nachweise führen oder ähnliches.» Wie jede Verletzung eines Menschenrechts ordnet Herr Matthies es als «historisch einmaliges Verbrechen» ein, dass «man die Autonomie des Menschen derart verbieten will.» Er ist weiterhin der Ansicht, nicht der Suizid als Beendigung des Lebens sei eine Sünde, sondern es sei «ein schweres Verbrechen» ihn zu verhindern, wenn er selbstbestimmt und aus guten Gründen vollzogen wird: «Ich finde die Autonomie des Menschen ist ein oberstes Ziel.» Am radikalsten hat sich Herr Rudolf gegen jede Reglementierung des Zugangs zu NaP geäussert: «Das ist ein Traum von mir, dass jeder die friedliche Pille in der Migros [Schweizer Detailhandelskette] kaufen kann.»

Emanzipationsbewegungen setzten sich in einer Art friedlichen Revolution von den Autoritäten ab, welche die Handlungsfreiheit von einzelnen zu stark beschneiden: «Irgendwelche Autoritäten sind für mich überhaupt nicht massgebend, die waren ja auch nie da in meinem Leben, wenn ich sie gebraucht hätte», meinte Frau Wiesengrund lachend. Dieses Argument ist besonders interessant, weil es die ethische Grundsäule der Reziprozität auch auf gesellschaftlich-staatlicher Ebene anspricht. Einer Autorität, die nicht in jeder prekären Lebenssituation schützt, wird die Schutzfunktion am Ende aberkannt.

In Abbildung 4 lässt sich deutlich sehen, welche spezifische Einflussnahme von Aussen auf die persönliche Entscheidung im Zusammenhang mit einem assistierten Suizid besonders nachdrücklich abgelehnt wird. Da die Gesetzgebung einen grossen Spielraum lässt und die Mitgliedschaft in einer Kirche privat entschieden wird, erlebte die Mehrheit der Interviewten ihr Verhältnis zu Recht, Religion und theoretischer Ethik eher als selbstbestimmt und war auch mit dem staatspolitischen Rahmen und dem geltenden Recht überwiegend zufrieden. Die negativen Aussagen über ausgeübte Autorität von staatlichen und religiös-ethischen Institutionen bewegt sich im Bereich von 19 Prozent; etwa ein Drittel beklagte Versuche der

| Abbildung 4 | Kritik an Autoritäten bezüglich Einflussnahme auf die Entscheidung für oder gegen einen assistierten Suizid (n = 41) |

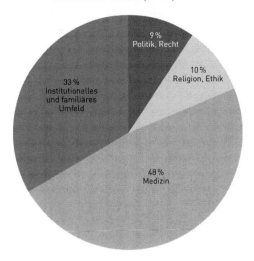

Einflussnahme aus dem institutionellen und familiären Umfeld; beinahe die Hälfte aber richtete sich gegen Mediziner:innen und klinische Ethiker:innen. Das hängt mit deren Rolle als Gatekeeper zusammen, was eventuelle Begutachtungen und die Ausstellung des Rezepts für NaP betrifft. Am drastischsten formulierte Herr Lüttich seinen Protest gegen diese Hierarchie:

> *Mit wachsendem Fortschritt der Medizin verlagert sich die Entscheidung über das Lebensende immer mehr zu den Ärzten. Ärzte entscheiden über Leben und Tod. Wer hat sie mit dieser Machtfülle ausgestattet? Nur Diktatoren und Gewaltverbrecher massen sich ähnliche Befugnisse an.*

Frau Dörfler meinte allgemein: «Also das Wichtigste ist mir, dass keine religiöse, keine philosophische, keine politische Institution Macht ausüben kann über meine persönlichen Entscheidungen, dass ich mich von dem allen befreien könnte.» Ethik darf ihr zufolge nicht nach dem Top-down-Prinzip so funktionieren, dass etablierte Autoritäten den Rahmen der Selbstbestimmung im Namen der Allgemeinheit zu eng abstecken. Das meinte auch Herr Reiser:

> *Wenn ein expliziter Wille vorliegt, ist für mich der Punkt erreicht, an dem kein Gesetzgeber, kein Arzt oder Priester oder wer auch immer, das in Frage stellen darf und sagen kann, das sei mit moralisch-ethischen Grundsätzen nicht vereinbar.*

Auch die derzeitigen Methoden der Absicherung, dass es sich bei einem assistierten Suizid nicht um eine Straftat handelt, stiess auf Kritik, weil Ruhe und Intimität des Abschieds gestört würden:

> *Es ist ein Drama. Da ist eine Kamera installiert, da rennt ein Polizist im Haus rum und kontrolliert alles, alles muss nochmals protokolliert werden, obwohl dieser Mann schriftlich erklärt hat, er will sterben. Man muss ja das Rädchen selbst drehen [die Infusion öffnen]. Ich finde, es ist eine Schweinerei, dass der Staat sich da so knallhart einmischt.* (Herr Lieblich)

Frau Viller, deren Mann einen assistierten Suizid in Anspruch genommen hatte, als ihm klar wurde, dass es keine Chance mehr gab, von seinem Locked-in-Syndrom genesen zu können, war empört, dass ihr erst dann psychologische Hilfe angeboten wurde, als sein Entschluss bekannt geworden war. Zu diesem Zeitpunkt und vor allem mit dem dahinter vermuteten, eher instrumentellen Interesse an einer Revision der Entscheidung, war sie daran nicht mehr interessiert und nahm das späte Angebot deshalb eher als Übergriff war. Sie hatte nach Jahren der Rehabilitationsanstrengungen und Pflege kein Interesse mehr an psychologischer Beratung, weil ihr Mann seine Entscheidung getroffen hatte. Sie hatten sich ausgesprochen, sie selbst hatte den Entschluss akzeptiert und war bereit, ihn zu unterstützen. Das bedeutet, dass in diesem Fall das Hilfsangebot nicht als eine Unterstützung wahrgenommen wurde, sondern als Eingriff in die Willensfreiheit und als Respektlosigkeit gegenüber einem langen und intimen Kommunikationsprozess. Allgemeine Kritik an der Gatekeeper-Funktion der Mediziner:innen, wenn es um das selbstgewählte Lebensende geht, übte Herr Freudenberg, der nachdrücklich eine Emanzipation von den Fachautoritäten fordert, an die man sich mit einem Sterbewunsch wenden muss.

Auch die öffentliche Vertretung professioneller Medizinethik wurde mit heftigen Worten kritisiert: «Was die Spitalethikerin [n. n.] schon für einen Mist im Schweizer Fernsehen rausgelassen hat, das ist einfach hanebüchen. Und dann zieht man solche Leute bei und lässt sie beurteilen» (Herr Nägeli). Obwohl der Ton an dieser Stelle scharf wurde, ging es in der Sache nicht um unbegründete populistische Rebellion gegen Eliten, sondern um eine Kritik an einem als übergriffig erlebten Pater- bzw. Maternalismus in einer existenziellen Frage.

### Würde und das Problem der Abhängigkeit

Die Menschwürde befindet sich, wie Freiheit und Selbstbestimmung, auf der höchsten normativen Ebene ethisch-rechtlicher Prinzipien und alle drei sind eng miteinander verknüpft. Etliche Jahrtausende von Kriegen und Kämpfen gegen Unterdrückung, Ausgrenzung und Tyrannei vergingen, bis diese tragenden Säulen eines aufgeklärten Humanismus sich in Rechtsstaaten etablieren konnten und durch Verfassungen garantiert wurden (Dellavalle 2013). Gerade ihre ideelle Abstraktheit macht ihre konkrete Umsetzung allerdings kompliziert. Alle haben eine vage Vorstellung von Würde oder Freiheit und benutzen diese

Begriffe, aber die Übersetzung auf die praktische Ebene ist nicht selbstverständlich. Wieviel Spielraum ihre Auslegung zulässt, zeigt sich gerade an der Debatte um die Sterbehilfe, da sowohl Liberale als auch Restriktive den Begriff der Menschenwürde zentral zur Begründung ihrer jeweiligen Position heranziehen. Dies liegt daran, dass die einen die Menschenwürde ausschliesslich als ein inhärentes substanzielles Attribut des Menschseins betrachten (objektive Würde), die andern sie an bestimmte Existenz- und Handlungsmöglichkeiten binden (subjektive Würde). Während die objektive Würde als eine mit dem Menschsein untrennbar verbundene Eigenschaft vorausgesetzt wird, gibt es bei der subjektiven Würde einen Interpretationsspielraum. Wer gegen Sterbehilfe argumentiert, führt ins Feld, dass der Begriff der Menschenwürde absolut sein müsse, d. h. dass man sie sich auch selbst nie absprechen dürfe. Selbsttötung könne daher nicht als ein Akt der Freiheit verstanden werden, sondern sei ein Vergehen am höheren und absoluten Prinzip der Menschenwürde. Die substanzielle und inhärente Würde wird naturrechtlich begründet, indem sie als menschliche Grundeigenschaft betrachtet wird. Wer grundsätzlich gegen Abtreibung ist, schreibt die befruchteten Eizellen der Gattung Mensch vom ersten Tag an zu. Die jüdisch-christliche Interpretation stützt sich zusätzlich auf die «imago dei», die Ebenbildlichkeit Gottes. Im jüngsten Aufruf des Vatikans gegen den assistierten Suizid klingt das wie folgt:

> *Unabhängig von seiner körperlichen oder geistigen Verfassung behält der Mensch seine ursprüngliche Würde bei, nach dem Bilde Gottes geschaffen zu sein. Er kann im göttlichen Glanz leben und wachsen, weil er berufen ist, «Abbild und Abglanz Gottes» zu sein* (1 Kor 11, 7; 2 Kor 3, 18). *Seine Würde liegt in dieser Berufung.* (Kongregation für die Glaubenslehre 2020)

Wenn man selbst seinem Leben nicht die Würde absprechen kann, wird daher assistierter Suizid als unzulässig betrachtet, weil jede Art der Tötung, auch die Selbsttötung, die Menschwürde verletzt. Sowohl in der philosophischen als auch in der rechtlichen und in der naturwissenschaftlichen Disziplin wird allerdings an der Evidenz der inhärenten Menschenwürde gezweifelt (McCrudden 2013).

In ihrem Band «Menschenwürdig sterben» vertreten Walter Jens und Hans Küng die liberale Seite, die, ohne den Begriff einer objektiven Menschenwürde aufgeben zu wollen, der subjektiven Würde Raum gibt (Jens & Küng 2011). Ihr Argument lautet: Würde zeige sich für viele Menschen in spezifischen Eigenschaften wie Vernunft, Sprache und selbstbestimmtem, reflektiertem Handeln. Sind diese nicht mehr gegeben, z. B. bei irreversiblem Verlust kognitiver Fähigkeiten oder als Folge einer terminalen Erkrankung, sei es besser, einen solchen Zustand freiwillig und medizinisch unterstützt beenden zu können. Würde wird bei diesem Ansatz nicht vor allem positiv beschrieben als das, was es braucht, um von Würde zu sprechen, sondern eher negativ: Sind bestimmte Voraussetzungen nicht gegeben, wird eine Situation als unwürdig betrachtet. Eine letzte freie Entscheidung zur Rettung der eigenen Würde, meinen sie daher, könne einem in ihren Augen unwürdigen, stark von Unterstützung abhängigen Weiterleben mit medizinisch-technischer Hilfe ein Ende setzen oder es von vornherein vermeiden (Küng 2014, 83 ff.).

Auf internationaler Ebene gab es 2002 einen interessanten Fall, bei dem es um die Frage ging, ob die Möglichkeit, Würde individuell zu bestimmen, im Namen der allgemeinen Menschenwürde beschränkt werden darf. Eine restriktive Verteidigung objektiver Würde zu Lasten eines liberalen Spielraums kollidierte mit subjektivem Würdeempfinden. Es ging um eine in Australien, Kanada, den USA und Frankreich aufgekommene Freizeitunterhaltung, das "Dwarf tossing" («Zwergenwerfen»). Es handelt sich dabei um einen sportlichen Wettbewerb, bei dem kräftige Personen kleinwüchsige Personen mit deren Einverständnis und mit Sicherheitsvorkehrungen so weit wie möglich auf eine Matte werfen. Der UN-Menschenrechtsausschuss, der nach einigen Rechtstreitigkeiten eingeschaltet wurde, plädierte dafür, diesen Sport zu verbieten, weil er gegen die Sicherheit, die öffentliche Ordnung, die öffentliche Gesundheit und die öffentliche Moral verstosse. Dabei wurde explizit anerkannt, dass es nicht um die Würde der kleinwüchsigen Personen ging, die ihren Lebensunterhalt auf diese Weise verdienten und das weiterhin tun wollten, sondern um die Sozialethik (UN 2002, 6). Die meisten Staaten verbieten Organisationen, die Begleitung beim assistierten Suizid anbieten aus ähnlichen Gründen. Mit dem Argument, die allgemeine, objektive Menschenwürde schützen zu wollen, wird die Entscheidungsfreiheit der einzelnen Personen beschnitten. Doch die Gründe dafür sind weniger überzeugend, da es sich nicht um öffentliche Aktionen mit Unterhaltungswert und Publikum handelt.

Eine philosophische Zusammenführung von Freiheit, Selbstbestimmung und Würde findet sich bei Kierkegaard, der in der Einzigartigkeit der bewusst gestalteten Lebensgeschichte der Individuen den Ausdruck ihrer besonderen Würde sah. Er betonte die Eigenverantwortung, der jeweiligen Biografie eine Gestalt zu geben. Würde diese nicht übernommen, verlaufe die Lebensgeschichte nach fremdbestimmten statt nach eigenen Gesetzen. Eine Flucht vor Entscheidungen sei ohne Aufgabe der Selbstbestimmung unmöglich, da das Vergehen der Zeit immanente Entscheidungen mit sich bringe, die wirksam werden, wenn der Wille zur Wahl nicht aufgebracht werde: «Darin liegt nämlich eines jeden Menschen ewige Würde, dass er eine Geschichte bekommen kann, darin liegt das Göttliche an ihm, dass er selbst, so er will, dieser Geschichte Zusammenhang verleihen kann [...]» (Kierkegaard 1922, 224). Dabei werden die einzelnen nicht als selbstherrliche Autor:innen eines individuellen Lebens betrachtet, die sich von Willkür treiben lassen, sondern als «verantwortliche Redakteure», die ihnen jeweils offenstehenden Möglichkeiten mit den Notwendigkeiten in Einklang bringen müssen. Dabei haben sie sich vor drei Instanzen zu verantworten: Vor sich selbst, vor einem Gott, der eine höhere Macht verkörpert, aber unerkennbar bleibt, und vor «der Ordnung der Dinge» als die einen umgebende Lebenswelt (Kierkegaard 1922, 277).

Ebenso wie alle Interviewten den Wert ihrer subjektiven Freiheit betonten, stand auch bei der Würde der subjektive Ansatz im Vordergrund, wobei viele auch die Ebene der objektiven Würde und der Verantwortung vor der Allgemeinheit mit im Blick hatten. Herrn Christopherus war allerdings nicht nur ein naturrechtlicher oder sogar metaphysischer Ansatz wie die Gottesebenbildlichkeit bei der Bestimmung von Würde fremd, sondern der Begriff der Würde war ihm überhaupt zu pathetisch. Er stellte ihn in einen historischen Zusammenhang und plädierte dafür, ihn durch andere, konkretere Begriffe zu ersetzen:

> *Würde ist ein Wort, das ich nicht benutze. Anstand, Freundlichkeit, Höflichkeit sind Wörter, die ich verstehe. Ich glaube, es ist ein veraltetes Wort, es hat mit Ehre und Aristokratie zu tun. Die Aristokraten haben sich Würde leisten können, die armen Leute eigentlich weniger, und somit ist es für mich ein Wort, das wie das Wort Ethik schlecht definiert ist.*

Dieser Auffassung war auch Friedrich Schiller, der 1797 in seinem Gedicht über die «Würde des Menschen» schrieb: «Zu essen gebt ihm, zu wohnen, / Habt ihr die Blösse bedeckt, gibt sich die Würde von selbst» (Schiller 1962, 248). Noch drastischer drückte es Bertolt Brecht in der Moritat «Denn wovon lebt der Mensch?» in seiner «Dreigroschenoper» von 1928 aus:

«Erst kommt das Fressen, dann kommt die Moral.» Beide betonten, dass es nicht sinnvoll sei, einen abstrakten Begriff der Würde zu erörtern, ohne auf die realen Lebensbedingungen zu schauen.

Die meisten der zahlreichen und differenzierten Aussagen in den Interviews versuchen daher, Würde situativ zu erklären und die Bedingungen zu benennen, unter denen sie ihrem Leben das Prädikat «würdig» zusprechen. Es gibt etliche Verweise auf unwürdige Verhältnisse oder auch eine unwürdige Art des Existierens, wobei die Verwendung dieses Adjektivs nicht bedeutet, dass die objektive Menschenwürde abgesprochen würde. Besonders prägnant fasst das Frau Pascal zusammen:

> *Es gibt eine Würde, die wir alle haben. Jemand, der sehr krank ist und der hilfebedürftig ist, der behält weiterhin seine Würde. Es ist nicht unwürdig, dass man sich den Po abwischen lassen muss oder sich baden lassen muss. Das ist diese objektive Würde, aber dann gibt es ein subjektives Würdeempfinden, und das ist von Mensch zu Mensch verschieden.*

Dementsprechend unterschiedlich ist die persönliche Sorge um den Verlust des eigenen Empfindens von Würde bei Pflegebedürftigkeit. Aus den Aussagen der Interviewten kristallisieren sich sieben Themengruppen heraus, die mit unterschiedlichen Empfindlichkeiten, Hoffnungen, Ängsten und Erwartungen verbunden sind. Für manche ist schon die Abhängigkeit von Hilfe bei der alltäglichen Hygiene eine unerträgliche Zumutung, viele möchten ein Weiterleben über den Zustand eines wachen Bewusstseins von sich selbst nicht erleben, andere sind demgegenüber tolerant, sofern eine Pflegequalität gesichert ist, die Wohlbefinden garantiert.

## Akzeptanz von Pflege bei Selbstbewusstsein

Solange die betroffene Person bei Bewusstsein ist, versteht, was um sie herum und mit ihr geschieht, selbstwirksam sein kann und vor allem nicht aufs Körperliche reduziert ist, weil die kognitiven Fähigkeiten erhalten sind, wird Körperpflege durch Dritte von vielen der Interviewpartner:innen akzeptiert. Frau Dörfler meint dazu:

> *Das muss wahrscheinlich jeder Mensch selbst entscheiden, was für ihn noch würdig ist. Also wenn jemand Urin und Kot nicht mehr halten kann, aber sonst gesund ist, auch im Kopf, dann würde ich das nicht als unwürdig anschauen.*

Wenn die kognitiven Fähigkeiten allerdings verloren gehen, dann kann ihr zufolge auch eine momentane und spontane Äußerung von positiven Gefühlen, wie sie z. B. durch eine tiergestützte Aktivierung hervorgerufen werden können, nicht den Verlust einer im Selbstbewusstsein und in der Selbstreflexion verankerten Würde ausgleichen:

> *Unwürdig ist für mich, wenn man Tag und Nacht im Bett liegt, wie die Frauen, die ich besuche, wenn einen jemand füttern muss. Sie bekommen sonst keinen Besuch, sie wissen nicht, ob es Sommer, Winter ist, was passiert, aber sie freuen sich sichtlich und strahlen, wenn der Hund kommt. Das finde ich nicht mehr würdig.*

## Akzeptanz von Pflege bei Möglichkeit der positiven Interaktion

Herr Christopherus berichtet aus seiner Erfahrung als Arzt von der positiven bzw. negativen Wechselwirkung in der Kommunikation:

*Wie lange man als Schwerkranker in einem Spital freundlich behandelt wird, hängt davon ab, wie man sein Pflegepersonal behandelt. Es gibt Patienten, die werden geschätzt und geliebt, weil sie immer freundlich sind. Aber es gibt solche, die leiden und ihre Umwelt anschuldigen, dass es ihnen schlecht geht, und die werden schlecht behandelt.*

Eine sich verstärkende positive wie negative Interaktion, die hier für die zeitlich begrenzte Spitalpflege beschrieben wird, gilt in noch grösserem Ausmass für die Heimpflege. Kann eine Person krankheitshalber nicht mehr interagieren, verbal kommunizieren, eigene Bedürfnisse mitteilen und auch Interesse für andere aufbringen, muss das Umfeld Sorge für ihre Würde tragen. Frau Gabe betont die aus ihrer Freiwilligenarbeit resultierende Erfahrung, dass respektvolle Pflege wesentlich für den Erhalt der Würde ist:

*Ich habe in dem Pflegeheim, in dem ich aushelfe, gesehen, wie wichtig es ist, dass alle Menschen, auch wenn es ihnen elend geht, noch ihre Würde behalten. Dass man sie als Menschen behandelt und nicht einfach wie eine Sache, die man pflegen und nach der man schauen muss. Das fängt schon damit an, dass man auch einen Schwerkranken als Mensch behandelt, mit viel Würde und auch mit Zuneigung und nicht einfach meint, das lohnt sich ja gar nicht mehr. Ich habe bei den Medizinstudenten gemerkt, wie lange das braucht.*

## Ablehnung von Pflege aufgrund von schlechten Erfahrungen

Wer verletzlich ist und die Anerkennung seiner Würde nicht mehr aktiv einfordern kann, ist darauf angewiesen, dass das Umfeld sie achtet und schützt. Das ist, trotz aller Zertifikate und Qualitätssicherungsstandards, noch nicht immer der Fall. Frau Grünwald fasst ihre Erfahrungen ernüchtert so zusammen: «Man kann nicht sagen, die Menschenwürde ist nicht antastbar. Sie ist sehr antastbar, sie ist sehr zerbrechlich.» Auch Frau Thomen drückt Zweifel aus: «Ich weiss, dass in den Heimen sehr, sehr viel würdevoll gearbeitet wird, aber es gibt aber auch Heime, in denen alles andere als würdevoll mit den Leuten umgegangen wird.» Herr Lieblich schildert schlechte Erfahrungen mit Pflege am Beispiel seines Vaters:

> *Rotz ist ihm über die Backe runter gelaufen, weil er sich ja nicht mehr hat abputzen können. Das Bild ist einfach grausam gewesen für mich. Ausserdem ist der Pate meiner Mutter im Pflegeheim gewesen und dort buchstäblich krepiert. Das will ich eigentlich für mich nicht.*

Ein solcher Pflegenotstand wäre vermeidbar, aber es ist nicht sicher, ob man angesichts personeller und finanzieller Ressourcenknappheit darauf vertrauen kann. In jedem Fall bleiben bestimmte Abläufe im Pflegealltag oft bestehen, die für einige nicht mit ihrem Würdeverständnis in Einklang zu bringen sind: «Unwürdig ist, wenn sie jemandem etwas vorschreiben: Essenszeiten, Zeiten für Körperhygiene und Toilettengang» (Herr Dach). Als besonders gravierend befürchtet Herr Dach, wie der Umgang sein könnte, wenn er nicht mehr bei klarem Bewusstsein sein sollte:

*Wo ist denn da die Würde, wenn du nichts mehr mitbekommst und im Rollstuhl sitzt; dann heisst es: «Jetzt müssen wir mit dem Dubbel auch noch spazieren gehen.» Was willst du denn da noch? Da schieben sie dich dann im Park herum und lassen dich wo stehen: «Wir holen den dann nachher wieder ab.» Wo ist da die Würde?*

Ein weiteres Problem, das Frau Wiesengrund anspricht, ist unbeabsichtigte oder sogar gut gemeinte Übergriffigkeit: «Ich beobachte auch Situationen, bei meiner Mutter zum Beispiel, da ruft die Pflegerin ‹Ja mein Schätzchen, wie geht es dir denn heute?› Das ist einerseits schön, sie meint das liebevoll, aber sie duzt meine Mutter, was eigentlich schon ein Übergriff ist.»

Ablehnung der Abhängigkeit von Technik

Als besonders unwürdig wurde auch die Abhängigkeit von Technik bewertet, die als eine Reduzierung aufs Objektsein eingeschätzt wird, ähnlich wie bei inadäquater Pflege oder kombiniert mit einer solchen: «Es ist entwürdigend, jemanden zwangszuernähren, gegen seinen Willen, es ist entwürdigend, wenn jemand jeden Tag in seinem eigenen Kot aufwacht» (Frau und Herr Nägeli). Wenn nur noch Hochleistungsmedizin, Technologie und Intensivpflege ein Weiterleben ermöglichen, dann wird dieser Zustand von einigen als nicht mehr mit ihrem Würdeempfinden vereinbar betrachtet. Frau Insel las aus ihrer Werteerklärung vor, was Würde für sie bedeutet: «Wahrnehmen, denken, fühlen, und kommunizieren können, selbst über sich verfügen können und nicht fremdbestimmt sein. Bis zuletzt Mensch sein», und fügte illustrierend hinzu: «nicht irgendein Gemüsli.» Ein Leben ohne Bewusstsein, Kommunikations- und (Inter-)Aktionsmöglichkeiten ist auch für Herrn Freudenberg unvorstellbar:

> *Je debiler du wirst, ob das wegen Alzheimer ist, oder eines Schlaganfalls, oder irgendetwas anderem, desto weniger kannst du in Würde gehen. Du wirst ja dann nur noch manipuliert und abhängig von dem, was die Fachleute mit dir machen, angefangen mit den Medikamenten, die du erhältst, der Pflege [...] also da gibt es ja Horrorgeschichten. Das ist für mich nicht mehr Würde, das ist im Prinzip nur noch vegetieren und abwarten, bist du endlich sterben kannst.*

Frau Grünwald wählt ebenfalls den Weg der negativen Beschreibung, was sie als unwürdig bezeichnet und unbedingt ausschliessen möchte, um ihre Würde zu bewahren:

> *Ich weiss, was nicht Menschenwürde ist: Wenn man ohne Bewusstsein ist – oder sogar mit Bewusstsein, das ist auch nicht besser – wenn man an Apparate angeschlossen ist und liegt und wartet. Dann ist man eigentlich kein Mensch mehr, sondern man wird beatmet, man ist an etwas Technisches angeschlossen und liegt da, oder man sitzt im Rollstuhl, oder im Sessel, man kann sich nicht bewegen und kann auch nicht mehr denken, sondern wartet einfach, bis man gefüttert wird, oder bis der Tod eintritt. Das ist für mich kein Menschsein mit Menschenwürde mehr, sondern eine Existenz als lebender Kadaver.*

Sich nicht mehr als ein selbstbestimmtes und selbst bestimmendes, selbstbewusstes und selbstwirksames Subjekt, sondern als ein Objekt, sogar als ein Studienobjekt zu fühlen, drückte Frau Gabe prägnant so aus: «Mir geht es darum, dass ich nicht noch zum Versuchskaninchen gemacht werde.» Irreversibel als hilfloses «Gemüse» oder «lebender Kadaver» an Apparate, oder an in vielen Interviews symbolisch erwähnte «Schläuche», angeschlossen zu sein, wird als mit der eigenen Würde grundsätzlich unvereinbar betrachtet.

## Ablehnung der Reduktion auf ein Objekt

Noch schlimmer als dauernd an lebenserhaltende, oder sterbensverhindernde Apparate angeschlossen zu sein, ist für viele, wenn in ihnen der Verdacht aufkommt, dass Sterbenskranke medizinisch untersucht oder behandelt werden, ohne dass es der kranken Person einen Vorteil bringt, sei es aus Routine, sei es, um Daten zu sammeln. Frau Zimmermann berichtete über das Lebensende ihrer Mutter:

*Man hat dann ein wenig das Gefühl gehabt, man würde jetzt noch gerne dieses und jenes an ihr untersuchen. Ich habe dann mit den Ärzten gesprochen und habe gesagt: «Ihr habt einen gewissen Teil machen können, wofür sie ihr Einverständnis gegeben hat», aber sie hat immer gesagt: «Eigentlich will ich das alles gar nicht.»*

Sie hatte stellvertretend für ihre sterbende Mutter jeder weiteren Massnahme widersprochen, musste aber dennoch eine versuchte Blutabnahme abwehren:

*In der ersten Nacht nach diesem Gespräch ist dann doch noch danach jemand vom Labor hinaufgekommen und hat ihr Blut abnehmen wollen für diese Untersuchungen. Das hab' ich ein wenig happig gefunden in diesem Moment. Wir hatten darüber gesprochen, ich hatte weitere Massnahmen untersagt, und man hat es dann hinter unserem Rücken trotzdem probiert.*

Herr Mundinger hatte die Erfahrung gemacht, indirekt Zeuge dafür zu werden, dass seine Mutter unter Umständen Opfer eines unnötigen Eingriffs geworden ist, über den sich der behandelnde Chirurg und der Neurologe auf der Intensivstation gestritten hatten: «Mein Vater ist zu einem Streitgespräch gestossen und hat [aus der Schleuse] zugehört, wie die zwei einander angeschrien haben, und daher haben wir dann gewusst, warum meine Mutter gestorben ist.» Eine solche Reduktion einer Person auf einen Untersuchungsgegenstand oder ein Behandlungsobjekt gegen ihren Willen, eine Instrumentalisierung im Dienst der Forschung oder der Spitalökonomie, ist mit der Menschenwürde nicht vereinbar. Der bis heute gültige Hauptsatz normativer Ethik lautet: «Handle so, dass du die Menschheit sowohl in deiner Person, als in der Person eines jeden anderen jederzeit zugleich als Zweck, niemals bloss als Mittel brauchst» (Kant 1900 ff., GMS, BA 66). Nach dieser strengen Regel ist jegliches Verhalten, das andere instrumentalisiert und nicht als eigenständige und in ihren Interessen ebenbürtige Mitmenschen behandelt, unmoralisch – unabhängig von der Fähigkeit aktiver Kommunikation.

### Zweifel an der Würde des gesamten Pflegesettings

Einige Interviewte dachten auch über ihre eigene Würde hinaus an die Würde der Angehörigen und Pflegenden, die mit belasteten Erlebnissen und Ermüdung konfrontiert werden. Sie äusserten Bedenken, dass sich, auch bei besten Intentionen aller Beteiligten, vielleicht nicht immer in ihrem Sinn würdige Bedingungen herstellen lassen. Frau Thomen formulierte das allgemein im Zusammenhang mit ihrer Vorsorgeplanung: «Auch für die Angehörigen kann es eine Vorsorge sein, eine Garantie für Würde, damit sie keine lange Zeit eine unwürdige Situation miterleben müssen.» Herr König meinte ebenfalls, Langzeit- und Intensivpflege sei «auch würdelos gegenüber dem Mitmenschen, denn irgendjemand muss das ja machen.» Herr Geiger drückte Empathie mit den Pflegenden aus: «Wenn ich einfach sehe, jetzt ist halt mehr Pflege nötig, dann täten mir die Pflegenden quasi Leid.» Am meisten quälte sich Herr Petri, der sich eine konkrete Pflegsituation in seinem gewohnten Wohn-

und Wirkumfeld vorstellte, also ein Setting, das eigentlich als ideal gilt, dass man da bleibt, wo man lebensweltlich verwurzelt ist. Für ihn war die Vorstellung, in verletzlichem Zustand alte Bekannte wiederzutreffen, nicht beruhigend, sondern Ursache emotionalen Stresses:

*Wenn ich schwerstpflegebedürftig wäre, weiss ich nicht, ob ich mich pflegen lassen möchte. Wenn ich selbst inkontinent wäre […] das sind Arbeiten, die ich anderen Menschen nicht zumuten möchte. Wenn ich mir vorstelle, und zwar meine ich das nicht als Horrorvision, dass eine meiner ehemaligen Schülerinnen mir im Altersheim die Windeln wechseln müsste, dann wäre das für mich fast nicht erträglich. Es ist nicht wegen der Scham, sondern es ist, jemandem diese Arbeit zuzumuten.*

Herr Nägeli war schliesslich besonders radikal und kategorisch abwehrend hinsichtlich der Pflege von Menschen mit Demenz: «Das als Pflegender quasi im Auftrag für Lebensqualität von dementen Leuten zu machen, das muss man mal durchdenken, wie das in der Praxis wirklich ist. Es ist nur entwürdigend.» Er lehnt jede subjektive Dimension von Lebensqualität ab, da er Würde an dem Verhalten festmacht, das ein Mensch im vollen Besitz seiner kognitiven Fähigkeiten der Aussenwelt gegenüber zeigt.

Bei der Vorausplanung ist allerdings immer auch der weiche Faktor zu berücksichtigen, dass sich die Beurteilung der Lebensqualität verändern kann und dass sich die Grenze des «es ist genug» mit fortschreitendem Alter, aber vielleicht auch aufgrund (un)wirksamer Therapien, verschieben kann. Deshalb formulierte Herr Matthies differenziert:

*Es gibt Leute, die finden schon die minimalste Abhängigkeit unwürdig und andere eben überhaupt nicht. Und wie ich dann reagiere, was weiss ich? Ich habe nur eine Ahnung oder eine Mei-*

*nung, aber wie ich dann reagieren werde, oder ob ich dann auch einer bin, der nichts unversucht lässt, [...] ich habe schon eine Meinung dazu, aber wie es dann wirklich sein wird, das weiss ich eigentlich nicht.*

Im Unterschied zu denjenigen, die apodiktisch Kriterien für die Bewahrung ihrer Würde nennen, bleibt der Horizont hier offener.

## Grundsätzliche Ablehnung von Pflege

Auch wenn im persönlichen Umfeld keine schlechten Erfahrungen mit Pflege gemacht wurden und es keine generellen Vorbehalte gegenüber ihrer Qualität gibt, lehnen manche grundsätzlich ab, sich überhaupt in Pflege zu begeben: «Ich weiss, gerade bei uns in der Schweiz gibt es so viele Institutionen, Heime und Pflegedienste usw., aber das ist für mich nichts mehr, da ist mir meine Würde genommen» (Frau Lindner). Besonders deutlich präzisierten das mehrere Interviewte auch wieder im Zusammenhang mit der Körperhygiene:

*Wenn ich nicht mehr aufs WC und mich selbst putzen kann, wenn immer jemand bei mir sein muss, eine Pflegeperson, und es heisst: «So jetzt gehen wir duschen», und dann geht man in die Dusche, und dann halten sie einen, und putzen sie einen, und nachher geht man wieder raus, und bekommt jeden Tag diese Intimpflege, das ist menschenunwürdig.* (Herr Schwager)

«Der Moment, ab dem du nicht mehr alleine aufs Klo kannst, das ist es genau, was für mich dann nicht mehr Würde bedeutet» (Frau Wiesengrund). «Wenn sie dich waschen müssen, wenn du im Bett liegst, und dir in die Hose gemacht hast, dann ist doch das keine Würde mehr» (Herr Dach). «Wenn ich mir vorstelle, ich bin inkontinent und das Personal muss mich putzen, das finde ich unwürdig. Das Ausgeliefertsein, dass die anderen mich behandeln müssen wie einen Säugling, das finde ich unwürdig» (Herr Matthies). Zu Beginn des Lebens ist die Angewiesenheit auf Hilfe selbstverständlich und löst prosoziale Grundaffekte, unmittelbare Empathie und Schutzgefühle aus (vgl. Kindchenschema). Diese sind biologisch-anthropologisch-kulturell gewachsen und reichen vor die menschliche Kultur zurück. Am Ende des Lebens stellt sich manchmal eine vergleichbare Hilfsbedürftigkeit ein, für die es allerdings keine vergleichbare Unmittelbarkeit positiver Affekte gibt, wie Thomas Mann in seinem Gedicht «Gesang vom Kindchen» aus dem Jahr 1919 anschaulich beschrieben hat. Dieser Mangel kann zwar durch eine Kultur der Sorge und Pflegeethik kompensiert werden, aber das wird nicht immer akzeptiert: «Wenn du am Ende des Lebens dann wirklich hilflos bist, dann hast du, dann habe *ich* das Problem mit der Würde» (Herr Freudenberg). Es geht dabei ausdrücklich nicht um die Qualität der Pflege oder um eine Verachtung von Hilfsbedürftigkeit im Allgemeinen, sondern um die Tatsache, dass für manche Personen aus ihrem individuellen Lebensgefühl heraus eine Angewiesenheit auf Hilfe nicht annehmbar ist. Sie würden eine Aufforderung, ihre Einstellung zu ändern, als Paternalismus zurückweisen.

## Lebensqualität

Das Interessante daran, subjektive Kriterien für Lebensqualität zu untersuchen, ist die Vielfalt, die dabei zum Ausdruck kommt und die sich gleichwohl an bestimmten Kriterien verdichtet. Jede Person fühlt sich auf eine einzigartige Weise wohl und wägt individuell ab, was ihr Leben lebenswert macht. Das kann z. B. die Freiheit sein, sich den Moden der Zeit und der Aufmerksamkeitsökonomie entziehen zu können, was für Herrn König besonders wichtig ist, der gerne alleine oder in Gesellschaft, aber ohne den Zwang, reden zu müssen, die Landschaft betrachtet: «Das tiefe Verständnis, das man hat, wenn man sich nicht um Aufmerksamkeit bemühen muss.» Frau Herzog hat ihre fünf persönlichen Säulen der Lebensqualität beschrieben: «Schönheit zu sehen, lieben zu können, im grössten Sinne Frieden leben zu können, kreativ sein zu können, atmen zu können.» Frau Blies war besonders das «Carpe diem» wichtig, die Achtsamkeit auf den Augenblick und die Wertschätzung der schönen Momente. Das sei gerade auch für die Mitarbeitenden in den Einrichtungen wichtig, in denen das Innehalten oft zum Nachteil aller, der Pflegenden wie der Gepflegten zu kurz kommt:

*Wir müssen leben, das ist Lebensqualität. Wir geniessen es, wir setzen uns hin, vielleicht ein bisschen bewusster. «Auf dem Feierabendbänkli sitzen», das ist ein Ausdruck, den ich viel benutze, weil ich mit älteren Leuten arbeite. Ich sage ihnen: «Setzt euch doch hin, hört doch auf, den Tisch eine halbe Stunde lang zu putzen, und setzt euch mit den anderen aufs Feierabendbänkli.» Das tut denen gut, zusammenzusitzen. Der Tisch ist schon genug sauber.*

Solche Momente der Freiheit vom Getriebensein durch die Zeitknappheit, die durch rationalisierte und ökonomisch optimierte Arbeitsabläufe verschärft wird, bedeuten, dass sich in der langweiligen Wiederholung routinierter Handlungen ein Raum auftut, in dem nichts erledigt werden muss und in dem die Freude am geselligen Zusammensein und Naturbetrachten ein Gefühl von Ewigkeit im Augenblick ermöglicht. «In einer Sache aufgehen kann der und nur der, welcher sich um Zukünftiges nicht kümmert und auch seiner vergangen Leiden nicht gedenkt» (Theunissen 1991, 291). Das gilt auch im Alltag. Wer sich einen Moment frei machen kann von der Sorge, ob alle Aufgaben perfekt nach Protokoll erfüllt sind, von der Sorge über eine anstehende medizinische Untersuchung, von vergangenen Kränkungen und Schicksalsschlägen, kann eine meditative Glückserfahrung machen, die nicht vom Erreichen eines Ziels abhängt.

Oft wird Lebensqualität in eine Art Gegensatz zur Lebenslänge gestellt und privilegiert. Das gilt sicher, wenn es um die Fragen Leid gefüllter Lebensverlängerung geht. Sofern ein langes Leben aber einhergeht mit «Lebensqualitätsverlängerung», bedeutet dies nach Frau Dörfler, durchaus einen Zugewinn an Lebensqualität insgesamt. Mehr Lebensjahre zu haben, kann auch bedeuten, mehr gute Jahre zu haben.

Keine Schmerzen zu haben und orientiert zu sein, werden von Herrn Alber, stellvertretend für viele (vgl. Abbildung 5), zusammen genannt: «Wenn ich ständig Schmerzen hätte und vor allem, wenn ich nicht mehr überlegen könnte», antwortete er auf die Frage, was seine Lebensqualität am meisten einschränken würde, und fuhr dann fort: «Wenn ich am Morgen zur Wohnung raus gehe und weiss, wohin ich will, und wenn ich aus dem Haus bin, genau weiss wie ich zurück komme, ist noch alles in Ordnung für mich.»

Wie divers die Bewertung von Lebensqualität sein kann, zeigt sich besonders am Thema Demenz. Frau Wiesengrund sieht sie in diesem Fall «an einem verschwindend kleinen Ort». Auch für Herrn Petri lässt sich die Vorstellung, dement zu werden, nicht mit seinem Verständnis von Lebensqualität vereinbaren:

*Wenn ich am Morgen begrüsst werde mit «Hämmer guet gschlafe hütt z'Nacht?», sprich, wenn ich in meinem Alter verwaltet werde, ist das für mich unerträglich. Wenn ich dement werde, dann merke ich es vielleicht nicht mehr, und dann kann ich auch den Entscheid nicht mehr selbst fällen, dann muss ich es einfach ertragen, bis es fertig ist. Wenn mein Körper mir diese Möglichkeiten und diese Optionen so stark einzuschränken beginnt, dass ich das Gefühl habe, es sei nicht mehr lebenswert, dann möchte ich diesen Entscheid fällen können. Wenn ich nicht mehr kreativ sein kann, wenn ich mich nicht mehr an kleinen Dingen freuen kann, wenn ich dann jeden Tag noch irgendwie belehrt werde: «Ja, es ist doch, doch noch schön», das löst in mir einen unglaublichen Horror aus.*

Herr Reiser hingegen, der zwar ein besonders engagierter Fürsprecher einer weiteren Liberalisierung des assistierten Suizids ist, lässt die Möglichkeit offen, dass sich das subjektive Empfinden von Lebensglück den gesundheitlichen Bedingungen anpassen kann: «Vielleicht ist man noch glücklich, also man lebt in seiner Welt und es geht einem trotzdem noch gut. Wenn man selbst der Betroffene ist, aber es nicht merkt, kann man durchaus noch eine schöne Lebensqualität haben.»

Darüber, dass sich die individuellen Kriterien für Lebensqualität graduell anpassen und verändern, denken auch andere nach. Frau Linder meint pragmatisch:

*Es gibt natürlich Momente, wo ich sage, das wäre für mich so nicht mehr lebenswert. Aber ich schaue Schritt für Schritt. Zwischendurch brauch ich zum Beispiel den Rollstuhl, oder ich brauche den Rollator, oder kann manchmal auch nicht mehr so gut reden. Aber das sind alles Dinge, die ich für mich noch annehme.*

Herr Wagner differenziert:

*Lebensqualität heisst für mich, dass es mir halbwegs gut geht, dass ich meinen Alltag noch selbstbestimmt bewältigen kann. Ein Rollstuhl wäre für mich schon okay, wenn ich zum Beispiel durch einen Unfall gelähmt wäre. Das wäre für mich kein Grund für Sterbehilfehilfe, weil ich ja immer noch essen kann, Freunde besuchen, Besuch haben, Fernsehen schauen, Zeitung lesen, einen schönen Tag geniessen, vielleicht mit dem Rollstuhl spazieren gehen. Aber wenn es dann wirklich in Richtung Pflegefall und unerträgliche Schmerzen geht, das ist für mich kein Leben mehr. Wenn du nur noch im Bett liegst, gewaschen werden musst, alle zwei Stunden gekehrt werden musst, dass du nicht wund liegst, gefüttert werden musst, und ich weiss, es wird nicht mehr besser, dann muss ich sagen, dann hört es auf.*

Wie eingeschränkt die Perspektive von Menschen ohne frühere Beeinträchtigungen auf ein Leben mit Behinderungen sein kann, lässt sich aus dem Interview mit Frau Losano lernen. Sie beschreibt ihre Erfahrung als langjährige Nutzerin von Hilfsmitteln und Spitex, indem sie zunächst die Sichtweise umkehrt. Sie sieht sich selbst nicht als ein Objekt von Pflege, sondern als das bestimmende Subjekt, als aktive Führungskraft ihres Pflegeteams und vor allem als Familienoberhaupt. Die Angewiesenheit auf Hilfe wird so existenziell entdramatisiert. Es geht stattdessen um rein praktische Fragen und optimierte, pragmatische Problemlösung:

*Lebensqualität, das bedeutet, dass jetzt mein neuer Rollstuhl nach Monaten funktioniert. Endlich sitze ich gut darauf und dadurch kann ich endlich auch wieder nach draussen. Das ist wieder Lebensqualität. Manchmal genügen kleine Änderungen, z. B. eine Schaumgummilage mehr auf dem Sitzkissen oder ähnliches, was meine Lebensqualität bereits massiv verbessert. Das ist wichtig für mich. Ich habe jetzt angefangen, ab und zu einmal im Bett Intimwäsche zu machen, sonst bin ich dafür immer auf die Toilette gegangen, dort habe ich mich selbst gewaschen mit Wasser und hin und her, und dann musste ich mich wieder anziehen – das ist wirklich turnen auf hohem Niveau. Aber jetzt machen wir zwischendurch Intimwäsche im Bett, und nun haben wir festgestellt, dass ich total beweglich bin, und danach kann ich, um zu transferieren, sogar selbst auf den Beinen stehen.*

Während des ganzen Gesprächs wirkt sie nicht nur energisch, sondern auch heiter. Die körperliche Beeinträchtigung ist für sie ein Problem, das man gut lösen kann, und das ihre Lebensqualität nicht grundsätzlich einschränkt. Sie spricht über sie mit Selbstironie und liebevollem Humor.

Mit Humor beobachtet auch Frau Insel ihre mit dem Alter wachsende Toleranz gegenüber Einschränkungen:

> *Ich glaube, ich habe sicher schon ab zwanzig, dreissig gedacht, jemanden unbedingt mit allen medizinischen Mitteln am Leben zu erhalten, sei daneben und ich wollte das später einmal nicht. Dann, das tönt jetzt ein bisschen wie ein Witz, habe ich gedacht, dass ich ab sechzig in der Nachttischschublade einfach genügend Schlafmittel haben würde für den Moment, an dem es mich dann dünkt, es sei Zeit. Ich habe gedacht, ich würde die dann einnehmen und dann könnte ich gehen. Aber dann habe ich den Zielhorizont irgendwann einmal von sechzig auf siebzig hinaufgeschoben, und unterdessen ist er dann nochmals auf achtzig hinaufgerutscht. Ich habe auch keine Schlaftablettchen, und bin jetzt achtundsiebzig. Das achtzigste Jahr ist schon sehr nahe und ich schiebe es noch etwas weiter raus, weil ich trotz der Altersgebrechen noch gut und gerne lebe.*

Die Koordinaten individueller Lebensqualität sind daher flexibel und passen sich sowohl den von Anfang an gegebenen Bedingungen an, z. B. bei Beeinträchtigungen, als auch den zeitlichen Veränderungen. Die am häufigsten genannten Voraussetzungen für eine gute Lebensqualität werden in der folgenden Abbildung schematisch zusammengefasst. Es handelt sich dabei um die 13 am meisten genannten Prioritäten, vom Wohnumfeld bis zur Schmerzfreiheit. Die angegebenen Zahlen beziehen sich auf die Häufigkeit der Nennungen.

Diese Grafik muss vor dem Hintergrund der eingeschränkten Aussagekraft gelesen werden, die eine quantitative Darstel-

**Abbildung 5**   Voraussetzungen für Lebensqualität (n = 41)
Mehrfachnennungen möglich

lung qualitativ erhobener Daten hat: Bei dem eher geringen Stellenwert der finanziellen Ressourcen ist zu berücksichtigen, dass die Mehrheit der Interviewten ihre finanzielle Lage als gut einschätzt und nicht von finanziellen Sorgen bedrückt ist. Frau Stifter hingegen, die sich über schlechte finanzielle Ausstattung durch die Alters- und Hinterlassenenversicherung (AHV) und die Invalidenversicherung (IV) bei Mehrfachbeeinträchtigung beklagte, machte andere Lebensqualitätsmerkmale, wie Selbstbestimmung und Teilhabe bis hin zur Leidensvermeidung an den finanziellen Ressourcen fest und meinte: «Das Einzige, was ich noch kann, ist am Morgen vor den Fernseher sitzen und abends ins Bett. Das kann ich mir leisten. Und für das soll ich leben?»

## «Notausgang» – Ultima ratio zum Erhalt von Freiheit, Würde und Lebensqualität

Es liegt nahe, dass vor dem Hintergrund einer solchen Wertepriorisierung der assistierte Suizid als Möglichkeit gesehen wird, die eigene Definition von Freiheit und Würde umzusetzen.

Einige Gesprächspartner:innen haben den assistierten Suizid und seine moralische Legitimität als Mittel für den Erhalt ihrer Freiheit und ihrer persönlichen Würde daher explizit angesprochen: «Wenn die Lebensumstände am Ende nur noch Leiden und unwürdig sind, wieso soll man dann nicht das Recht haben zu sagen: ‹So jetzt ist Schluss.› Ich finde, das ist ein ganz hohes Gut, das man den Menschen zugestehen soll» (Herr Matthies).

> *Ich denke, da gibt es einen Zusammenhang. Wenn jemand sagt: «Ich möchte jetzt nicht mehr leben, mein Leben ist nicht mehr lebenswert», dass da die Würde des Menschen mit hineinspielt. Er behält seine Würde, wenn er noch selbst entscheiden kann. Er lässt nicht über sich entscheiden, sondern er entscheidet selbst für sich, d. h. er behält seine Würde bis zum Schluss, weil er seine Selbständigkeit und seine Entscheidungsfähigkeit behält.*
> (Frau Gabe)

Dabei spielen auch die Sterbehilfeorganisationen eine wichtige Rolle. Herr Lieblich, dessen Vater einen assistierten Suizid in Anspruch genommen hat, und der selbst unheilbar erkrankt ist, berichtet, dass seine Mutter der Sterbehilfeorganisation, mit der sein Vater einen assistierten Suizid durchgeführt hat, dankbar sei und fügt hinzu: «Er ist in einem würdigen Rahmen gegangen.» Frau Thomen beschreibt ausführlich ihre Erfahrung mit einem assistierten Suizid, bei der sie den Aspekt der Würde betont und sowohl die Rolle der Sterbehilfeorganisation als auch die der Ordnungskräfte als positiv hervorhebt:

> *Die Sterbebegleitung hat den Verstorbenen nachher schön auf das Bett gelegt. Er war im Stuhl gestorben, und auch das bedeutet ja Würde, wenn es für die Angehörigen stimmt. Ich denke, die Polizisten sind sehr häufig sehr, sehr würdevoll und gehen in solchen Situationen sicher mit Einfühlungsvermögen und Achtsamkeit vor. Da kann man im Grunde genommen einen ganzen*

*Haufen kleiner Steinchen dafür setzen, dass es eine würdevolle Angelegenheit ist, und dass diese Würde auch nachher, über den Tod von dem Betroffenen hinaus, in dem Sinne gewahrt wird – ein kleines Pünktchen, das kann gewahrt werden.*

Hier wird, über die Rolle der Sterbebegleitung durch Vertrauenspersonen hinaus, die gesamte Situation angesprochen, in dem ein assistierter Suizid stattfindet, und die auch noch einen Nachklang über den Tod hinaus hat.

Als besonders würdevoll wird auch von anderen beschrieben, dass die bewusst sterbende Person im Mittelpunkt steht, dass sie wählen kann, in welcher Umgebung, in welcher Lage, wie gekleidet und vor allem von wem begleitet, sie ihr Leben beenden möchte. Dazu kann auch eine bewusst gestaltete Abschiedszeremonie gehören. Frau Insel schildert den assistierten Suizid, den sie miterlebt hat, so:

*Er war noch im Pyjama und Morgenrock gewesen, aber so stirbt man nicht, meinte er. Für ihn hat das mit Würde zu tun gehabt. Man zieht die besten Schuhe an, wenn man sterben geht. Es ist würdiger, wenn man anständig angezogen stirbt. Wir haben ihn danach auch nicht mehr weiter anders anziehen müssen, und er ist danach so aufgebahrt worden, wie er gestorben war, in der Stube zu Hause. Dadurch ist er noch er selbst gewesen.*

Auch Herr Freudenberg verknüpft Würde vor allem mit Selbstsein: «Würde ist für mich einfach im Prinzip, wenn du *dich selbst sein kannst.*» Dieses bewusste Selbstsein wird dank des assistierten Suizids nicht von einer kognitiv veränderten Existenz verdrängt.

So kämpferisch sich viele Interviewte äusserten, wenn es um die politisch-ethischen Fragen der Legitimität des assistierten Suizids ging und um die Restriktionen durch Autoritäten, so nachdenklich und vorsichtig sprachen sie über die tatsächliche Planung bzw. eine miterlebte Durchführung eines assistierten Suizids. Freiheit und Selbstbestimmung bedeuten nicht, auf diese Weise aus dem Leben gehen zu *wollen*, sondern es potenziell zu *können*. Viele benutzten dafür deshalb die Metapher des Notausgangs. Eigentlich, um im Bild zu bleiben, ist man sehr gerne im Gebäude des eigenen Körpers und der Lebenswelt, hat Freude, Freunde, Aufgaben und Interessen, die dem Leben einen Sinn geben. Aber wenn der Verfall von Körper und eventuell auch Geist zu quälend ist, dann ist es tröstlich zu wissen, es nicht bis zum Ende in einem Körper, der zum Gefängnis wird, aushalten zu müssen. Frau Zimmermann meinte:

> *Es gibt so viele schlimme Krankheiten, angesichts derer ich finde, dass ich mir die Option offen lassen würde, zu sagen: «Das machst du bis zu einem gewissen Punkt mit und den Rest, gegen Ende, definitiv nicht mehr.» Es ist natürlich nicht so, dass ich sofort aufgeben würde. Zuerst würde ich probieren und schauen wie es geht, aber es wäre ein wenig Sicherheit im Rücken.*

Herr Christopherus ist sich gar nicht sicher, ob er selbst einen assistierten Suizid in Anspruch nehmen würde, aber ihm ist die Option wichtig, die von den Sterbehilfeorganisationen angeboten wird, bei denen er Mitglied ist: «Ich finde die beiden Organisationen sind unterstützungswürdig, und auch, wenn ich selbst nicht diesen Weg gehen will, sehe ich es durchaus als Möglichkeit. Deshalb sollte man diese Organisationen unterstützen.» Ebenso offen ist das Ende seines Lebens für Herrn Wagner: «Ich wüsste nicht, ob ich in der Situation eine Sterbehilfeorganisation holen würde, aber die Option, dass ich sie holen könnte, gibt mir ein ruhiges Gefühl und, Sicherheit.» Frau Pascal bringt den Aspekt der Versicherung für Lebensqualität nüchtern auf den Punkt und setzt die Mitgliedschaft in einem Sterbehilfeverein mit einer Vorsorgemassnahme im Sinne einer Prävention gleich.

Herr Petri hat in seiner Jugend selbst Erfahrungen mit dem Trost gemacht, den die Möglichkeit eines Suizids als Ausweg aus einer Leidenssituation bedeuten kann. In diesem Fall wäre es allerdings kein assistierter Suizid gewesen, weil er dazu keinen Zugang gehabt hätte:

*Für mich selbst war es so: ich bin mit 14 Jahren relativ stark krank gewesen und hatte bis zu meinem 21. Lebensjahr eine lange Genesungsphase hinter mir. Damals war in mir irgendwo schon die Option gewesen, dass ich gehe, wenn ich es nicht mehr aushalte. Für mich bedeutet das ein grosses Freidenken, nicht ein Davonlaufen oder ein Abbrechen, sondern eine mögliche Form des Ausgangs.*

Sein Vater hatte einen assistierten Suizid in Anspruch genommen. Herr Petri hatte ihn begleitet und die Erfahrung als Angehöriger hat ihn in seiner Haltung bestätigt:

*Ich habe den Freitod von meinem Vater eigentlich als sehr positiv und sehr seinem Leben entsprechend erlebt. Und ich habe gefunden, ich möchte mir diese Option offenlassen, das ist für mich ganz wichtig. Es ist nicht der Entscheid: «Ich gehe dann einmal so», sondern es bedeutet für mich, ich lasse mir die Option offen.*

Für Frau Thomen ist die Mitgliedschaft in einer Sterbehilfeorganisation sogar noch bei einer Wahrscheinlichkeit von nur 0,1 Prozent wichtig, mit der sie glaubt, ihre Dienste in Anspruch nehmen zu wollen:

*Ich habe mir überlegt, ob ich austreten soll, denn eigentlich brauche ich die Mitgliedschaft im Moment nicht. Aber ich denke, das ist eine von den Möglichkeiten, die ich habe, auf die ich aber zu 99,9 Prozent nicht zurückgreifen werde.*

Auch für Herrn Mundinger ist die Sicherheit wichtig, im Notfall auf den Beistand einer der beiden Organisationen vertrauen zu können, bei denen er Mitglied ist. Sollte die eine längere Entscheidungsprozesse voraussetzen oder seinen Wunsch zurückstellen, kann er sich noch an eine andere wenden.

Obwohl die Metapher des Notausgangs oder der Hintertür beliebt ist, kommt es auf die Interpretation an. Wer sich einen Theater- Konzert- oder Kinosaal vorstellt, denkt an die Möglichkeit, z. B. im Fall eines Brandes oder Erdbebens ins Freie gelangen zu können und nicht eingesperrt zu bleiben. So gesehen, bedeutet er eine Rettungsmöglichkeit. Da die meisten Notausgänge aber zum Glück kaum benutzt werden müssen und nur zur Sicherheit da sind, sind sie meist wenig repräsentativ und führen als Hinterausgänge unter Umständen auf die weniger schöne Seite eines Gebäudes. Daher hat Frau Bieri diese Metapher entschieden abgelehnt. Sie schaute nicht primär auf den positiven Aspekt der Rettung, sondern auf das negative Erscheinungsbild der gegenüber der Haupteingangstür eher schäbigeren Hintertür: «Das tönt für mich, wie wenn es einen richtigen Ausgang gibt und dann eben noch den Notausgang. Das ist für mich ein falsches Bild», was sie noch zweimal extra betont hat. Es war ihr wichtig, nachdrücklich darauf hinzuweisen, dass der assistierte Suizid kein schlechterer Tod sei, als ein spontaner Tod und dass er weder mit Schuld noch mit Scham behaftet sein und versteckt werden sollte.

# Reflexionen über den Sinn des endlichen Lebens

Sterben müssen, wirft, wie jede existenzielle Grenzerfahrung, die Frage nach dem Sinn auf. Ein höherer Sinn hinter der Endlichkeit des individuellen Lebens wurde im Glauben gesucht, in einem Gott, der diesen verkörpert, oder in einer Möglichkeit der Befreiung vom Negativen, wie sie die Reinkarnationslehre bietet. In einer postmetaphysischen Welt sind Gewissheiten, die Sinn bieten, erschüttert worden. Frau Salzmann schilderte, wie ihr Kinderglaube mit dem Tod ihrer Mutter zu Ende war: «Vom kindlichen lieben Gott habe ich mich verabschiedet als meine Mutter verstorben ist, denn ein lieber Gott lässt sowas nicht zu, oder?» Das Problem der Unvereinbarkeit von der Allmacht Gottes mit seiner Güte angesichts des Leidens wurde seit der Neuzeit als Theodizee-Frage leidenschaftlich diskutiert und war eng mit der Aufklärung verbunden. In den Interviews zeigt sich eine Individualisierung der Aspekte des Glaubens und der Sinngebung, wie sie in einer säkularen Gesellschaft bei privaten Fragen zu erwarten ist. Der Psychiater Viktor Frankl hatte daher vorgeschlagen, im Sinne einer kopernikanischen Wende die Zusammenhänge völlig anders zu deuten als zuvor. Es käme, meinte er, nicht darauf an, einen bereits gegeben Sinn zu suchen, da Ereignisse keinen intrinsischen Sinn hätten, sondern dem, was ist, im Rahmen des Möglichen einen Sinn durch gutes Handeln zu geben (Frankl 1987, 96). Eine solche Wendung ins Existenzielle und Pragmatische klang bei vielen Gesprächen durch. An der deutschen Alltagssprache lässt sich gerade ein Wandel beobachten, der auch in diese Richtung geht. Während man früher sagte, «etwas habe Sinn», sagt man heute zunehmend wie im Englischen, «etwas mache Sinn». Das heisst, Sinn ist nicht vorgegeben, sondern wird jeweils immer neu geschaffen.

### Religiöser oder spiritueller Hintergrund

Die Frage nach dem Recht auf Selbstbestimmung am Lebensende wirft unmittelbar die Frage nach einem religiösen Hintergrund auf bzw. nach der Vereinbarkeit eines solchen Hintergrunds mit dem Wunsch oder Vorhaben eines assistierten Suizids. Das betrifft die einzelnen Personen, ihr engeres Umfeld und auch die Institutionen, in denen sie unter Umständen leben. Wie erwähnt positionierte sich die katholische Kirche im Herbst 2020 deutlich gegen den assistierten Suizid und sogar gegen den Verzicht auf lebenserhaltende Massnahmen wie die Ernährung durch eine Magensonde (Kongregation für die Glaubenslehre 2020). Die eher basisdemokratisch organisierte reformierte Kirche überlässt hingegen ihren Mitgliedern den Gewissensentscheid (vgl. Meyer 2019).

In den Interviews wurden die Gesprächspartner:innen nach ihrem religiösen oder spirituellen Hintergrund gefragt und danach, ob dieser Hintergrund eine Rolle bei ihrer Haltung zum assistierten Suizid spielt. 41 Prozent der befragten Personen gaben an, aus der Kirche ausgetreten zu sein und 34 Prozent bezeichneten sich als «nicht religiös». Dabei muss festgehalten werden, dass für die Abwendung von der Kirche bei den Gesprächspartner:innen nicht hauptsächlich die Auseinandersetzung mit der Selbstbestimmung am Lebensende ausschlaggebend war, sondern andere Faktoren eine Rolle spielten. Die Mehrheit der befragten Personen gab an, dass die Religion oder der Glaube an sich keinen Einfluss auf ihre Entscheidung über einen assistierten Suizid habe. 17 Interviewte waren aus der Kirche ausgetreten, 14 hatten keine Religionszugehörigkeit, sechs waren protestantisch und vier katholisch (vgl. Abbildung 3). Der Unterschied zwischen Nichtmitgliedschaft in einer Glaubensgemeinschaft und dem Austritt aus einer Kirche ergibt sich aus der Selbstauskunft der Befragten. Bei denjenigen, die angaben, konfessionslos zu sein, wurde nicht nach einer früheren Mitgliedschaft gefragt. Wer hingegen von sich aus betonte, ausgetreten zu sein, wurde in dieser Kategorie erfasst. Herr Matthies formulierte seinen Ablöseprozess von der Kirche so: «Das ist nicht ein Moment gewesen, das ist ein langsamer Prozess gewesen. Es ist einher gegangen mit der Emanzipation vom katholischen Diktat.» Im Detail gab es in allen drei Gruppen (Kirchenangehörige, Ausgetretene, Nichtmitglieder) übergreifend eine grosse Bandbreite an Positionen. Frau Bieri sprach das kontroverse Thema des *Leidens als Schicksal* an, bzw. der Leidesvermeidung durch einen assistierten Suizid: «Wenn man ein gläubiger Mensch ist, kann man sich ja auch fragen, ob man das Recht dazu hat, das Leben zu beenden, oder ob man alles annehmen muss, auch das Leiden.» Diese Frage bewegt auch andere Gläubige. Frau Dörfler beschreibt ihre ambivalente Haltung der Kirche gegenüber so: «Ich streite nicht ab, dass sie auch Gutes machen, aber ich habe halt auch oft erlebt, wie Leute unter den Vorschriften der Kirche leiden.» Auch Herr Freudenberger hat im Spital Ähnliches erlebt: «In vielen Situationen höre ich von Leuten: ‹Ich würde gerne gehen›, aber das wird aus allen möglichen Gründen, angefangen bei denen der Kirche, über die der Ökonomie verhindert.» Frau Bieri berichtet aus ihrer Erfahrung mit gläubigen Sterbewilligen, deren Sterbewunsch einen inneren Konflikt auslöste: «Nur einzelne Personen konnten ihren christlichen Glauben mit der Selbstbestimmung am Lebensende bzw. der Sterbehilfe in Einklang bringen.» Selbst gelingt ihr das und sie schliesst in ihre eigne Entscheidungsfreiheit einen assistierten Suizid mit ein. Frau Grünwald ordnete ihr Verhältnis zur Religion eher den vergangenen, den mitgebrachten und später revidierten Lebensgewohnheiten zu: «Ich habe mich in meiner Jugend sehr darum bemüht. Ich war überzeugt, man müsse einen Glauben haben. Aber das habe ich inzwischen lange hinter mir gelassen.»

Während der Arbeit am Manuskript diese Buches in Torre Pellice, einem kleinen Ort südwestlich von Turin in den Cottischen Alpen, habe ich Bekanntschaft mit einem katholischen Priester im Ruhestand gemacht. Als ich ihm erzählte, woran ich gerade arbeite, meinte er, ohne zu überlegen, er sei für den assistierten Suizid, so lange er freiwillig geschehe und Druck aus selbstsüchtigen Motiven wie eine vorgezogene Erbschaft ausgeschlossen werden könne. Da er sich damit in einen ausdrücklichen Gegensatz zu der Kirche setzt, der er seit 80 Jahren durch Taufe angehört und der er über 40 Jahre gedient hat, habe ich ihn darum gebeten, mir seine Haltung näher zu erläutern. Für ihn ist Gott ein Mysterium, das kein Mensch und auch nicht der Papst erfassen kann. Ein Gott, der alles sieht, der straft und belohnt, der einteilt, wer in den Himmel und wer in die Hölle kommt, ist in seinen Augen eine «banale Kreation menschlicher Fantasie» (Gespräch mit Don Adriano 22.10.2021). Die Idee des sich Opferns und des Leiden müssens hält er für Überreste archaischer Traditionen, die in einer aufgeklärten und humanen Gesellschaft keinen Platz mehr haben. Er bezeichnet sich selbst heute als Dissidenten und meint über seine Organisation: «Wir sind gläubig, aber nicht glaubwürdig.»

Herr Lüttich weist auf die Tatsache hin, dass in der Bibel als Quelle des jüdischen und des christlichen Glaubens kein Suizidverbot zu finden sei: «Der Horror der Gesellschaft vor dem Thema Suizid ist irrational. Dafür gibt es auch in der Bibel keine Präzedenz; denn Suizid wird in der Bibel nicht prominent thematisiert und schon gar nicht angeprangert.» Auch ohne expliziten religiösen oder spirituellen Hintergrund haben sich viele Gesprächspartner:innen mit der Vereinbarkeit von Religion und assistiertem Suizid beschäftigt. Oft auch deshalb, weil ihr Umfeld sie auf das Thema angesprochen hat. Als Argument gegen einen assistierten Suizid wird von kirchlicher Seite her oft der natürliche Tod angeführt als der Tod, den man nicht selbst herbeiführt und dessen Stunde man nicht kennt. «Mors certa, hora incerta», lautet ein lateinisches Sprichwort, das die *Unvermeidlichkeit*, aber auch die *Unverfügbarkeit* des Todes thematisiert: «Der Tod ist sicher, seine Stunde ist ungewiss». Die Ungewissheit der Todesstunde kann entlastend sein, weil es bedrückend sein kann, den genauen Todeszeitpunkt vorher zu wissen. Bei akutem Leiden kann es allerdings auch entlastend sein, dessen Ende zu kennen. Die BBC-Dokumentation «How to Die: Simon's Choice» vom 18.03.2016, in der die Reise eines todkranken Engländers in die Schweiz begleitet wird, bringt dies eindrücklich zum Ausdruck.

Herr Schwager ist darauf zu sprechen gekommen, dass durch die moderne Medizin der Begriff des natürlichen Todes ohnehin hinfällig sei:

*Der Organismus des Menschen ist programmiert, bis um die 60 rum zu funktionieren, und alles was darüber ist, ist ja eigentlich zusätzlich. Viele Jahre, die nach dem 60. Lebensjahr kommen, sind doch eigentlich nur durch unnatürlichen Eingriff mit Medikamenten und, Physiotherapie usw. möglich. Wenn es das nicht gäbe, wären wir schon lange tot.*

Dieses Zitat steht stellvertretend für die Äusserungen vieler Gesprächspartner:innen, welche die Meinung vertreten, dass durch medizinische Eingriffe das Leben von Menschen *künstlich* verlängert wird und der Tod somit auch ohne assistierten Suizid nicht mehr als *natürlich* bezeichnet werden kann. Auch Herr König betont: «Man wird zum Gemüse, und das ist ja nicht der Sinn der Natur. Wenn man die Natur würde walten lassen, wären wir in dem Moment schon lange weg.»

Frau Pascal wies auf die Rolle der monotheistischen Religionen bei der Instrumentalisierung des Todes als einer Bedrohung hin: «Ich denke, die drei monotheistischen Religionen haben aus dem Tod so eine Art Schreckensgespenst gemacht.» Wenn Tod und Leiden als Strafe für die Erbsünde gesehen werden, und sich der Glaube an eine Erlösung im Aushalten von Leiden bestätigt, stellt ein selbstgewähltes Abbrechen des Leidens einen Affront dar. Herr Wagner betrachtete die Ideen eines Gottes, der über Leben und Sterben entscheidet, und einer Hölle, die auf die Sünder:innen wartet, ebenfalls kritisch und meinte:

*Wenn es ein Leben nach dem Tod gäbe, bei irgendeiner Göttlichkeit selbst, dann muss ich sagen, wenn ich mit einer Sterbehilfeorganisation sterbe und er nimmt mich nicht in den Himmel, dann will ich gar nicht bei diesem Gott sein, denn wenn der mich dafür verachten würde, weil ich früher gegangen bin, als er mich holt, dann stimmt der Gott für mich nicht. Aber dann gibt es auch keine Hölle, und dann geht es mir auch nach dem Tod nicht schlecht.*

Frau Dörfler fühlt sich im Universum und in der Welt «einfach aufgehoben» und sieht ihre Entscheidungsfreiheit dadurch ebenfalls nicht eingeschränkt. Frau Lindner integriert den Glauben an die Wiedergeburt in ihre Spiritualität und sieht auch darin keinen Konflikt mit einem assistierten Suizid: «Ich glaube, dass unsere Seelen immer wieder kommen. Ich bin überzeugt, dass wir eine Aufgabe auf dieser Welt haben. Wir haben so lange eine Aufgabe, bis alles bewältigt ist.» Nach ihrer Auffassung stellt es kein Problem dar, wenn ein Tod in diesem Zyklus durch einen assistierten Suizid antizipiert wird. Frau Gabe hat ebenfalls östliche Spiritualität in ihre Überzeugungen integriert und bekennt sich zu religiösem Eklektizismus:

*Ich habe auch schon aus anderen Religionen Elemente übernommen, die mir auch sehr gut gefallen haben. Aus dem Tibetischen Totenbuch haben mich immer zwei Thesen sehr überzeugt und ich finde, das bringt es eigentlich auf den Punkt.*

Michael Theunissen, dessen spätes Werk in der Erforschung der zeitlichen Verfasstheit menschlichen Daseins bestand, und der den Versuch unternommen hat, den religiösen Begriff der Ewigkeit für die Philosophie wiederzugewinnen, sah in der Endlichkeit und im bewussten Umgang mit ihr den eigentlichen Kern gelingenden Lebens:

> *Menschlich leben wir dann und nur dann, wenn wir abschiedlich leben, und das heisst: wenn wir uns ständig von der Welt und uns selbst abscheiden. [...] Menschlich leben muss gelernt sein. Und wir lernen es nur so, dass wir den Abschied einüben.* (Theunissen 1991, 213 f.)

## Säkularer Hintergrund

Nicht für alle Interviewten spielte Religion oder Spiritualität eine Rolle. Herr Reiser fasste sein materialistisches Weltbild so zusammen: «Ich bin überzeugt, dass ab dem Moment, in dem ich sterbe, mein Körper zerfällt und danach nichts, gar nichts bleibt.» Frau Insel erklärte: «Ich bin Atheistin, für mich hat mein Leben nur Sinn, so lange ich fähig bin, ihm diesen zu geben», wobei dieser Sinn für sie nicht in transzendente Sphären hinausreicht, sondern Genuss am Leben bedeutet. Herr Ledermann sieht in der Endlichkeit selbst einen Sinn: «Der Sinn des Lebens ist das Leben selbst, und da gehört auch der Tod dazu. Bewusst zu leben und bewusst sich mit dem eigenen Tod auseinander zu setzen sind Teil davon.» Dasselbe meinte auch Frau Herzog: «Mein Leben ergibt einen Sinn durch die Endlichkeit.» Das bedeutet, dass die Einmaligkeit individueller Existenz, die sich aus der Einmaligkeit der Zeitspanne zwischen der jeweils eigenen Geburt und dem eigenen Tod ergibt, eine Sinndimension erschliesst. Jede Person gibt es nur einmal, was sie aus ihrem Leben macht, ist damit einmalig. Das meinte auch Herr Geiger:

«Ich brauche keinen Sinn von Aussen, den man mir gibt. Der Sinn meines Lebens ist immanent in meinem Leben, da braucht es nicht noch irgendeine Religion dazu.» Aus dem Blickwinkel der Psychiatrie hat Viktor Frankl sogar die in der Religion mächtigen Bilder des Himmels und der Hölle internalisiert. Er meinte, jeder Mensch sei «seine eigene Geschichte, sowohl die ihm geschehene als die von ihm geschaffene. Und so ist er auch sein eigener Himmel und seine eigene Hölle, je nachdem» (Frankl 1985, 106). Sorge dafür zu tragen, in Frieden mit sich und der Umwelt zu sein, betrachtet er als «Lebensverantwortung» der Individuen.

## Der Tod als natürliche Tatsache

Die Erfahrung mit dem Tod als natürlicher Tatsache stellt sich seit den Anfängen kultureller Überlieferungen vielfältig dar. Es scheint, als ob der Beginn der Kultur eng mit einem Hinausdenken und Hinauswünschen über die Endlichkeit zusammenhängt. In frühgeschichtlichen Grabstätten finden sich Kult- und Alltagsgegenstände, die Ägypter bauten ihren Pharaonen Pyramiden, die wir heute noch als Welterbe bestaunen, und ihren Herrschern im Tal der Könige ganze Gräber-Städte mit reichen Beigaben im Wunsch, dass diese sie in ein Leben in einer anderen Dimension begleiten sollten. Der Natur wird die Kultur entgegengesetzt. Körper werden einbalsamiert, damit sie erhalten bleiben und nicht in den natürlichen Kreislauf reintegriert werden. In zwei altgriechischen Gedichten aus dem 6. Jahrhundert v. Chr. finden sich existenzielle Klagen über die Kürze des Lebens. Der Dichter Mimnermos und die Dichterin Sappho stellen beide das Leben als einen Augenblick dar, der nach der Jugendblüte keine Freuden mehr bereithält (Marg 1964, 28). Die pessimistische Sicht auf die Endlichkeit hat auch im Gott Chronos Gestalt angenommen. Der Herr über die Zeit, der im Begriff «Chronologie» noch in unserer Sprache präsent ist, hat sinnbildlich seine Kinder, die Menschen, erschaffen, um sie gleich danach wieder zu verschlingen. Die Maler Rubens (1636) und Goya (1823) haben diesen Topos ins Bild gebracht.

Ganz anders sieht der römische Altersapologet Cicero auf Altern und Sterben. Er ist der Überzeugung, die Natur sei so, wie sie beschaffen sei, gut und daher sei auch das Altern und das Sterben als natürlicher Prozess, den man verstehen kann, nicht erschreckend. Er meint: «Dem Guten aber ist alles zuzurechnen, was der Natur gemäss ist» (Cicero 1998, 93). Dabei verknüpft er das was *ist*, den natürlichen Kreislauf von Entstehen und Vergehen, mit dem was *sein soll,* mit dem ethisch Guten, was in der modernen Philosophie als ein naturalistischer Fehlschluss bezeichnet wird. Die Moderne hat menschliche Kultur auch im Zusammenhang mit der Säkularisierung in einen Gegensatz zur Natur gesetzt. Die negativen Konsequenzen dieser Abspaltung zeigen sich heute in planetarischer Dimension. Wir befinden uns inzwischen im Erdzeitalter des Anthropozäns, in dem das sechste grosse Massenaussterben (Kolbert & Bischoff, 2015) und der globale Klimawandel eine mittlerweile unumkehrbare Folge dieser immer totalitärer gewordenen Naturbeherrschung und Zerstörung sind. Dennoch werden derzeit vermutlich – es gibt dazu noch keine verlässlichen Quellen – noch immer mehr Ressourcen in Anti-Aging-Forschung investiert als in den Arten- und Naturschutz. Das bedeutet, dass die Nicht-Akzeptanz von Altern als Ausdruck der Endlichkeit nicht nur ein individuelles Phänomen ist, sondern zu mächtigen Forschungs- und Wirtschaftsunternehmungen motiviert.

Die Natur und ihre Gesetze sind unheimlich. Das stellte auch der Naturbeobachter Goethe in seinem Gedicht «Natur» fest:

Natur! […] Ungebeten und ungewarnt nimmt sie uns in
den Kreislauf ihres Tanzes auf und treibt sich mit uns fort,

> bis wir ermüdet sind und ihrem Arm entfallen. […]
> Sie scheint alles auf Individualität angelegt zu haben
> und macht sich nichts aus den Individuen.
> (Goethe, 1784, zitiert nach Trunz, 1982)

Teil des natürlichen Zyklus zu sein, führt in der Reflexion darüber zu unterschiedlichen Reaktionen – zu Akzeptanz, aus ethischer Haltung wie bei Cicero, zu Akzeptanz aus Naturverständnis wie bei Goethe, oder auch, in der Romantik, zu Naturverehrung. Eine Minderheitenströmung, die vor allem im angelsächsischen Raum ungebrochen präsent ist, von Ralph Waldo Emerson und Henry David Thoreau führt bis zu den heutigen Naturschutzbewegungen und kritisiert die Entfremdung der Menschen von der Natur (Wilson 2016). Der Philosoph Christian Hermann Weisse meinte hingegen, dass mit Vernunft und der Fähigkeit, bis ins Unendliche rechnen und denken zu können ausgestattete Lebewesen sterben müssten, sei eine «Anomalie» (Weisse 1860, 486). Ernst Bloch schrieb im «Prinzip Hoffnung»: «[…] dass der lange planende Mensch abfährt wie Vieh, ist auch gleichsam witzig» (Bloch 1982, 1299). Der Autor Mario Vargas Llosa liess seinen Protagonisten des Romans «Lob der Stiefmutter» denken, er würde sich, die wildwüchsige Natur an sich bekämpfend, noch auf dem Totenbett die von ihm verabscheuten Haare an seinem Ohr auszupfen (Vargas Llosa 1991, 40). Für den «Homo Faber», den Menschen der Produktion, des Organisierens und des Machens von Max Frisch repräsentierte die wilde Natur eine Bedrohung von allem, was ihm Sicherheit gibt.

Wer heute lebt und das eigene Verhältnis zu Endlichkeit und Natur reflektiert, kann sich also aus einer Fülle an eher nüchternen, wissenschaftlichen, melancholischen, romantischen oder literarischen Überlegungen inspirieren lassen.

Frau Pascal schaut auf ihr Alter und auf ihre Aufgabe im Leben aus der Perspektive der Naturwissenschaft. Als Menschen haben wir Kultur, Wissen, eine komplexe Gesellschaft und Kommunikation, aber wir bleiben doch auch höhere Säugetiere. Daher stellt sie fest:

> *Ich habe das grosse Glück gehabt, mein Leben gut und voll ausgelebt zu haben. Ich habe drei Jungs auf die Welt gebracht, die gute Männer geworden sind, die gute Berufe haben und liebevolle Väter und Ehemänner sind. So hab' ich sozusagen den Grund erfüllt, weshalb ich überhaupt auf Erden bin. Unser Instinkt führt dazu, dass wir uns vermehren. Wir vermehren uns und dann, anders als bei den anderen Säugetieren, erziehen wir unsere Nachkommenschaft und freuen uns, wenn sie gelungen ist und wenn sie sich auch weiter vermehrt.*

Die aktuell durch die Klimakrise und die Covid-19-Pandemie präsente Anerkennung der Tatsache, dass Menschen Teile eines grossen Ökosystems sind, ist in der Wissenschaft nach Darwin von der Humanbiologie bis zur Philosophie vertreten. Im Hinblick auf evolutions-biologische Aspekte spricht vieles dafür, dass in der Natur keine Selektion mit dem Ziel eines «Alterns in Gesundheit» stattfindet, konstatiert der Humanbiologe Otto Schachtschabel (2004, 179). Der Philosoph Ernst Tugendhat verzichtet in seinem Spätwerk ganz auf den Begriff des Menschen und ersetzt diesen durch «Ich-sager», um der evidenzbasierten Aufweichung der Trennlinie zwischen Menschen und Tieren gerecht zu werden (2003). Frau Pascal reduziert den Sinn des Lebens nicht auf den biologischen Aspekt oder die Nachkommen, aber sie spürt nach der Erledigung dieser Aufgabe keine existenzielle oder moralische Verpflichtung mehr, noch älter werden zu müssen als sie es wünscht.

# Individuum und Allgemeinheit

Bei vielen der bisher behandelten Begriffe wie Freiheit, Würde, Selbstbestimmung, Lebensqualität, Reziprozität und Ethik geht es um das Verhältnis von Individuum und Allgemeinheit. Jedes Individuum hat eine Geschichte und ist vorgeprägt von der Kultur, in der es aufwächst von der Umgebung bis in die Familie. Es kann sich von vorgegebenen Einflüssen emanzipieren, aber eine Wechselwirkung zwischen Person und Umgebung bleibt immer gegeben insofern man in einer Gesellschaft lebt. Daher wirken sich individuelle Handlungen auf andere aus. Wenn sie ethisch relevante Folgen haben können, müssen sie legitimiert werden.

In traditionellen Gesellschaftsformen wurde Legitimität vor allem als Autorisierung von oben nach unten verstanden. Einzelne oder Gruppen, die sich auf eine höhere und unangreifbare Macht wie Abstammung durch göttliche Gnade beriefen, bestimmten, was gut und richtig war. Das Organigramm dieser Legitimationsform ist die Pyramide: An der Spitze wird entschieden, die Basis übernimmt und führt aus. In der Neuzeit wurde dieses Muster, wie viele Säulen antiker und mittelalterlicher Weltsicht, aufgebrochen und umgekehrt. Vertragstheoretiker wie Rousseau, Hobbes oder Locke sprachen jedem einzelnen Mitglied eines politischen Verbandes die Souveränität zu, über Legitimität mitzuentscheiden. Dadurch begründet sich Legitimität nicht mehr von oben nach unten, sondern von der Basis aus, von unten nach oben, was allerdings nicht heisst, dass Willkür herrschen soll. Handlungen sind vielmehr in einem noch stärkeren Sinn zu verantworten, weil sie nicht mehr pauschal von oben gerechtfertigt werden, sondern weil die Legitimierung in einem kommunikativen und manchmal kontroversen Prozess geschieht. In den Interviews kam dieser Kontext auf drei Ebenen zur Sprache.

## Mikroebene: Die Rolle der Angehörigen

Professionelle Sterbebegleitung versucht nach Möglichkeit, immer auch die Angehörigen mit einzubeziehen. Das gilt auch für die Sterbehilfeorganisationen. «Der Einbezug der Angehörigen ist etwas ganz Zentrales», meinte Herr Matthies nach langjähriger Erfahrung mit Sterbehilfeorganisationen in seiner Rolle als Arzt. Die Interviewpartner:innen nannten An- und Zugehörige in verschiedenen Rollen als wichtige Personen in ihrem Entscheidungsprozess: Partner:innen, enge Bezugspersonen und Kinder, aber auch Verwandte, die sie selbst begleitet hatten, was wiederum einen Reflexionsprozess über die eigenen Wünsche für das Lebensende in Gang gesetzt hatte. Die drei Hauptthemen, die sich in diesem Zusammenhang herauskristallisiert haben, waren: der Wunsch nach Akzeptanz eines eventuellen oder tatsächlichen Wunsches nach assistiertem Suizid im engen Umfeld; die Sorge um eine Belastung der nahen An- und Zugehörigen durch einen assistierten Suizid; aber auch die Absicht, ebendiese dadurch entlasten zu können.

### Akzeptanz eines assistierten Suizids

Den Tod von Nahestehenden zu akzeptieren, kann schwerer sein, als sich mit der eigenen Sterblichkeit abfinden zu müssen. Schon der antike Philosoph Epikur war der Auffassung, dass die Unmöglichkeit, den eigenen Tod zu erfahren, dazu führe, dass man vor ihm kaum Angst haben müsse, denn: «Das schauerlichste Übel also, der Tod, geht uns nichts an; denn solange wir existieren, ist der Tod nicht da, und wenn der Tod da ist, existieren wir nicht mehr» (Epikur 220). Der Tod der An- und Zugehörigen, die man überlebt, hinterlässt jedoch eine schmerzliche Lücke im eigenen Leben. Für Simone de Beauvoir war er daher besonders belastend: «Der Tod eines uns nahestehenden Menschen, eines Freundes, beraubt uns nicht nur seiner Anwesenheit, sondern auch jenes Teils unseres Lebens, der mit ihm verknüpft war. […] In den ‹Grabmälern›, die meine Geschichte säumen, bin ich selbst begraben» (de Beauvoir 1972, 314; vgl. Birkenstock 2021, 130 f.). Daher ist es verständlich, dass die spontane Reaktion, wenn es um das Sterben eines nahestehenden Menschen geht, das Festhalten wollen ist. Das Vergehen der Zeit, das Altern, das Krankwerden und das Sterben sind unverfügbare Prozesse, die Ohnmachtserfahrungen mit sich bringen und daher besonders in einer Kultur der Machbarkeit Widerstand hervorrufen.

Im Zusammenhang eines assistierten Suizids, den Angehörige zunächst nicht als eigene Wahl erfahren, sondern als einen Akt, der sie sozial ärmer macht, meinte Frau Lindner vor dem Hintergrund ihrer Freiwilligenarbeit in der Sterbebegleitung daher: «Ich merke, wie viele, viele Angehörige Mühe haben, anzunehmen, dass die Betroffenen das machen wollen. Diesen Leuten muss ich einfach sagen: ‹Aber das ist ja *der Mensch,* den das betrifft, und seine Stimme sollte einfach viel mehr zählen.›» Das Loslassenkönnen der Angehörigen ist für sie selbst wichtig, aber auch für die Sterbewilligen oder Todkranken, auch unabhängig von einem assistierten Suizid. Frau Gabe findet es, ebenfalls vor dem Hintergrund ihrer Erfahrung in der Sterbebegleitung, besonders wichtig, dass man «Hinterbliebenen sagt, dass sie gut allein zurechtkommen können, ohne die Person, die stirbt. Dass die Person, die stirbt, weiss, sie kann gehen und die anderen können auch loslassen.»

Ein solches Abschiednehmen kann im Rahmen eines assistierten Suizids bewusst gestaltet werden. Herr Bärgi berichtete vom Tod seiner Frau, die mit 56 Jahren wegen eines Hirntumors einen assistierten Suizid in Anspruch genommen hatte:

*Wir sind am letzten Tag noch in der Umgebung herumgefahren, an Orte, wo wir gelegentlich hingegangen sind, wo wir vor allem auch in diesen drei Jahren auf einem Bänkchen gesessen und miteinander gesprochen haben. Die Sterbehelferin ist am Abend gekommen. Wir haben miteinander zu Nacht gegessen, es war eigenartig, es war sehr fröhlich.*

Den Abschied hatten sie in den Jahren der Krankheit, der Therapien und Rückschläge eingeübt und waren sich einig, dass es die richtige Form war.

Eine partnerschaftliche Verständigung über das Lebensende ist auch für Herrn Christopherus wichtig: «Abgemacht haben wir mit meiner Frau untereinander, dass jeder gehen darf, wann er will. Wir haben uns auch schon überlegt, ob wir das eventuell einmal zusammen machen, das ginge auch, aber bis jetzt ist das rein theoretisch.» Herr Rudolf, der eine radikal liberale Einstellung zum assistierten Suizid vertritt, macht sich besondere Sorgen um seine Frau und ihr Leiden, wenn er sein Leben beenden würde, um eine sich verstärkende Multimorbidität zu vermeiden:

*Für mich ist besonders wichtig: Wenn ich jetzt morgen gehen würde, dann würde ich noch ganz schwer überlegen müssen, ob ich das meiner Frau antun kann? Denn sie würde mit Sicherheit darunter leiden. Sie würde sagen: «Also der könnte doch noch ein, zwei Jahre weiterleben.» Da ist etwas dran, und deswegen träume ich immer davon, dass meine Frau und ich eines Nachts zusammen einschlafen und nicht mehr wach werden.*

Der Wunsch, nach einem langen Leben zu zweit, auch zusammen zu sterben und damit sowohl ein Leiden an Multimorbidität zu vermeiden, als auch den Schmerz des Überlebens des Lebenspartners bzw. der Lebenspartnerin, ergibt sich besonders im hohen Alter.

Auch Frau Bieri ist Harmonie mit ihrem Umfeld wichtig: «Ich denke, auch bei einem assistierten Suizid wäre es mir wichtig, dass ich das im Einverständnis mit meiner Umgebung machen könnte, mit den Leuten, die mir nahestehen.» Die Perspektive der Kinder spricht Frau Losano an, der es besonders wichtig ist, dass ihre Kinder ihren Entscheid im Falle eines assistierten Suizids akzeptieren könnten, obwohl sie ihn eigentlich nicht wollen, weil sie ihre Mutter behalten möchten. Sie hofft und vertraut auf die Fähigkeit ihrer Kinder, diesen Wunsch beiseite zu stellen und ihren überlegten Wunsch nach einem assistierten Suizid zu unterstützen, wenn es so weit wäre: «Wenn es dann soweit ist, wenn sie dann merken, es geht einfach zu Ende, dann sind sie voll bei mir. Meine Tochter ist dann die Erste, die mich wahrscheinlich unterstützt. Das ist ein Thema [...] aber am Ende sind sie voll bei mir.»

Belastung durch einen assistierten Suizid

Es kann Angehörige zusätzlich belasten, dass sie bei einem assistierten Suizid damit konfrontiert werden, dass das Sterben nicht unabwendbar geschieht und als äusseres Schicksal erlebt wird. Ein selbstgewählter Tod setzt einen Willensakt voraus, wird vorab geplant und zu einem festgelegten Zeitpunkt herbeigeführt. Sie können dadurch innere Konflikte erleben. Ihr unmittelbarer Wunsch bestehet darin, den geliebten Menschen festzuhalten, stattdessen müssen sie ihn früher loslassen. Frau Salzmann beschrieb diese komplizierte Gefühlslage so:

*Auch für die Angehörigen, für die es immer schwierig ist, stelle ich mich vor diesen Entscheid. Es kommt darauf an, wie fest man helfen kann, den zu tragen, oder wie fest es einem dabei widerstrebt. Aber es ist garantiert immer schwierig, wenn ein geliebter Mensch sich entscheidet, freiwillig aus dem Leben zu gehen.*

Mit dem Tod endet die Hoffnung darauf, dass doch noch ein wenig Zeit zu gewinnen sei. Der Dramatiker Henrik Ibsen liess seine Figur nach durchlebten Gefahren sagen: «Doch es bleibt ja noch immer die Trosttür offen:/Solang' einer lebt, so lang' mag er hoffen» (Ibsen 1998, 5. Akt, Strophe 579). Die Alltagssprache kennt den Ausspruch «Wo Leben ist, ist Hoffnung». Hoffnung bedeutet, einen offenen Zukunftshorizont zu haben, für Gläubige auch über das irdische Dasein hinaus in eine transzendente Sphäre. Dieser Horizont wird, zumindest in einem irdischen Sinn, bei einem assistierten Suizid zu einem festgelegten Zeitpunkt geschlossen. «Für die Angehörigen ist das brutal», stellt daher Herr Matthies als Arzt fest:

> *Es ist brutal, wenn jemand aktiv geht, das Wissen, am nächsten Donnerstag ist dann mein Vater tot. Wenn ein Patient das äussert, dann fokussiere ich bei dem Thema immer darauf, wie die Angehörigen dazu stehen und lade sie mit ein. Denn das geht ja dann sehr rasch, innerhalb von wenigen Tagen verliert man einen Liebsten. Also ich finde, das kann niemals auf die leichte Schulter genommen werden.*

Aus seiner Sicht als unheilbarer Schmerzpatient meinte Herr Wettinger, Vater von zwei minderjährigen Kindern: «Ich habe ja auch eine gewisse Verantwortung, und das motiviert mich natürlich dazu, halt noch etwas länger durchzuhalten.»

Dreimal wurden die Glaubensüberzeugungen von Angehörigen und das Tabu gegenüber der Selbsttötung als Grund für eine besondere Belastung durch einen assistierten Suizid genannt.

Bei allem Verständnis für das Leiden der Angehörigen, meint Herr Christopherus allerdings, dass die Selbstbestimmung der Patient:innen Priorität haben müsse: «Widerstand gegen Sterbehilfe, das gibt es, weil man mit dem Patienten verbunden ist, und weil man noch ein wenig länger warten könnte, und da ist es wichtig, dass nur der Patient selbst entscheiden darf, wann die Zeit richtig ist.» Dass die Selbstbestimmung durch das Festhalten der Angehörigen gefährdet sein könnte, fürchtet Herr Dach sogar in Bezug auf einen Therapieabbruch:

> *Meine Frau hat dann Gefühle. Du hast ja den anderen lieb, du hast zusammen das Leben verbracht, und nachher kippen sie dann um: «Nein, wir stellen nicht ab, wir machen das nicht.» Du begreifst es nicht mehr, und sie hat dann vielleicht Angst und kann das nicht mehr, bringt das nicht übers Herz.»*

Auch Herr Lieblich meinte: «Meine Freundin wäre, wie ich sie kenne, nie in der Lage, das zu organisieren und mich sterben zu lassen.»

Den Interviewten ist die Belastung der Angehörigen durch einen assistierten Suizid also bewusst. Sie wägen sie allerdings ab gegenüber der Belastung, die durch ein Weiterleben mit Intensivpflege entstünde. Dies würde jedoch ein Überleben mit einer für sie nicht mehr akzeptablen Lebensqualität bedeuten.

## Entlastung durch einen assistierten Suizid

Für diejenigen, die ihre Angehörige durch einen assistierten Suizid davon entlasten wollen, eine lange Zeit der Pflege, des Abbaus, und einen langen Sterbeprozess zu begleiten, bedeutet ihr Entschluss die Übernahme von Verantwortung für beide Seiten. «Es fühlt sich ja auch nicht gut an, den anderen zur Last zu fallen oder abhängig zu sein», meint Frau Wiesengrund lapidar. Auch Herr Ledermann fragt sich, sollte er an Demenz erkranken: «Diese Persönlichkeitsveränderungen, will ich das meinen Angehörigen antun?» Für Herrn König bedeutet ein assistierter Suizid bei endgültigem Verlust der Selbständigkeit einen «Schutz gegenüber meinen Angehörigen.»

Im Zusammenhang mit der Akzeptanz eines assistierten Suizids im engen Kreis ging es um die Zumutung, eine Person zu verlieren, die man unbedingt festhalten möchte. Hier geht es darum, eine Person unter Umständen festzuhalten, deren Pflege dauerhaft belastend sein könnte. Herr Bärgi hat, im Wissen darum, dass intensive häusliche Langzeitpflege das Leben von Angehörigen erheblich beschwert, mit seiner Partnerin den Pakt geschlossen, sich jeweils nicht durch Pflege zu belasten, sondern in ein Pflegeheim zu gehen.

Nicht alle sprechen mit ihren Angehörigen direkt darüber. Herr Laurent zieht seinen Schluss indirekt, aus Unterhaltungen über die Realität in Therapie und Pflege:

> *Gerade, weil meine ganze Familie im Gesundheitswesen unterwegs ist, werden sie eigentlich täglich mit dieser Fragestellung und mit den Folgen davon konfrontiert. Man wird damit vertraut, dass die Leute sterben möchten und auch, was die Folgen sein können, wenn die Leute nicht sterben können, sondern einfach noch am Leben erhalten werden, sei es jetzt mit Maschinen oder mit Medikamenten oder sonst etwas. Meine Familienangehörigen sagen: «Weisst du was, das kann es nicht sein, das kann es echt nicht mehr sein.» Es wird nur noch zur Belastung von allen, vor allem zur Belastung für die Angehörigen, weil die realisieren es ja. Sie selbst als Objekte realisieren es vermutlich schon bereits nicht mehr, aber für die Angehörigen wird es ein riesiger Stress.*

Frau Salzmann hat ähnliche Erfahrungen gemacht: «Die Angehörigen müssen das Ganze aushalten. Ich habe schon Gespräche mit Angehörigen gehabt, bei denen ich das Gefühl hatte, dass das Situationen sind, die ich meinen Angehörigen ganz sicher nicht zumuten möchte.» Sie spricht in diesem Zusammenhang nicht nur von Belastung, sondern von *Überlastung*, d. h. von einer Situation, in der Angehörige die Grenzen ihrer Belastbarkeit dauerhaft überschreiten und keine Kapazitäten mehr für ihre Selbstsorge haben.

Herr Wettinger möchte daher weder für sich, noch für seine Familie eine intensive Langzeitpflege und er möchte seiner Familie ausserdem ersparen, über einen eventuellen Therapieabbruch entscheiden zu müssen: «So eine Entscheidung würde ich selbst nicht für jemand Angehörigen treffen wollen müssen, und darum habe ich sie in der Patientenverfügung von jeglicher Befugnis ausgenommen.» Er hat stattdessen dem Arzt seines Vertrauens eine Vollmacht gegeben.

Das Bedürfnis, jemanden nicht durch Pflege zu belasten, ist je nach der Konstellation in Partnerschaft und Familie individuell unterschiedlich. Für Herrn Mundinger war es besonders wichtig, seine Tochter zu entlasten:

*Ich möchte auf alle Fälle meine Tochter nicht reinziehen, dass sie Jahre ihres Lebens irgendwie für mich opfern müsste. Wie es für meine Frau wäre, das kann man nicht im Voraus sagen, wie sehr man dann durch die Situation vielleicht noch mehr verbunden wird. Wenn meine Frau pflegebedürftig wäre, würde ich mich da nicht verweigern, und sie sich sicher auch nicht bei mir, davon bin ich überzeugt. Wir haben ja Zeit und wir haben sonst nichts zu tun.*

Pflege in der Familie wird eher horizontal akzeptiert, innerhalb der Partnerschaft, als vertikal von den Nachkommen. Frau Gabe hatte eine solche partnerschaftliche Pflege und Begleitung ihres an Demenz erkrankten Mannes übernommen, möchte aber dasselbe nicht von ihren weiter weg lebenden Kindern erwarten: «Ich konnte meinen Mann begleiten, aber mich begleitet nachher niemand.» Aus dem Wunsch, die Nachkommen zu entlasten, spricht hier keinesfalls Enttäuschung oder Bitterkeit, sondern eher Grosszügigkeit. Das ist auch bei Frau Insel so, die extra betonte: «Ich habe sehr liebe Kinder, die würden sicher gut zu mir schauen, aber ich möchte ihnen das möglichst nicht zu fest antun.» Die Ausdehnung der Lebensspanne bei gleichzeitiger Verschiebung der Elternschaft von den jungen in die reiferen Erwachsenenjahre hat eine sogenannte «Sandwichgeneration» hervorgebracht, die in der mittleren Lebensphase bis zu drei Aufgaben, über die Selbstsorge hinaus, zu bewältigen hat, nämlich Kindererziehung, Erwerbstätigkeit und oft auch noch die Pflege hilfsbedürftiger Eltern (Künemund 2002). Ausserdem sind die Familien kleiner und mobiler geworden. Es gibt kaum noch die Figur der Hausfrau, die Care-Arbeit von der Kinder- bis zu der Altenpflege übernimmt und auch nicht das – traditionell weibliche – alleinstehende Mitglied einer Grossfamilie, das in Notsituationen als Joker einsetzbar wäre. Den Interviewten ist die Mehrfachbelastung ihrer Kinder bewusst. Für Herrn Dach ist die Entlastung der Kinder, aber auch der Partnerin, deshalb nicht nur eine rationale Entscheidung und ein Akt der Grosszügigkeit, sondern auch eine Art des Liebesbeweises: «Wenn du jemand gernhast, dann willst du ihn nicht belasten. Er hat auch ein Leben. Er hat sich dafür entschieden, es mit dir zu teilen, aber trotzdem kann er sein Leben selbst leben, frei sein.» Frau Viller, die zum Zeitpunkt des assistierten Suizids ihres Mannes mit Locked-in-Syndrom, noch keine 40 Jahre alt war, gestand, nachdem sie seine Geschichte und den langen, intensiven, aber dennoch vergeblichen gemeinsamen Versuch einer Rehabilitation erzählt hatte, offen ein: «Mir ist dann eigentlich wie eine Last abgefallen. Meinen Mann mein Leben lang pflegen, das habe ich wirklich nicht gewollt, das gebe ich offen zu.» Zum Kontext sei gesagt, dass es sich um eine intensive Langzeitpflege mit einer 24-Stunden-Betreuung gehandelt hätte und ihr Mann nach schlechten Erfahrungen nicht im Pflegeheim weiterleben wollte. Eine seiner schlimmsten Erfahrungen war, um die Situation zu illustrieren, folgende: Er hatte sich am Abend im Fernsehen einen Film angeschaut. In der Werbepause kam der Spot eines Pizzaherstellers, der ihn zum Weinen brachte, weil er daran denken musste, nie mehr eine Pizza essen zu können. Eine Pflegeperson, die das sah, stellte ihm mit der Bemerkung, es sei besser für ihn, sich seelisch nicht so zu erregen, den Fernseher ab. Selbst war er weder dazu in der Lage, sich ihr mitzuteilen, noch den Fernseher wieder anzustellen, um den Film zu Ende zu sehen.

Frau Thomen denkt bei der Entlastung ihrer Angehörigen auch an ihre eigene Situation im Sinn der Reziprozität. Wenn die psychische Belastung der Angehörigen zu gross wird, dann fällt das auch auf die gepflegte Person zurück:

*Es könnte auch eine seelische Belastung sein, wenn ich merke: Die sind seelisch jetzt stark belastet. Vielleicht könnten sie es leisten und die Finanzen wären auch in Ordnung, aber auch die Seele wird belastet wird. Und dann wird es für mich ja auch eine Belastung, wenn ich das merke.*

Frau Pascal, in deren Leben Kunst und Ästhetik eine grosse Rolle spielen, bringt schliesslich auch den Moment des Abschieds zur Sprache, den sie bei einem assistierten Suizid für die Angehörigen als leichter einschätzt:

*Es ist doch so viel hübscher und so viel eleganter, sich verabschieden zu können von seiner Familie, von den Menschen, die man gerne hat. Dass man sich verabschiedet mit einem Lächeln und nicht vor Schmerzen gekrümmt auf einem Krankenhausbett, oder total schläfrig durch Morphium. Das ist doch furchtbar, das ist doch traurig für die Angehörigen und für einen selbst auch.*

Frau Insel hingegen weitet den Horizont über ihr persönliches Umfeld hinaus auf die gesamte Umwelt aus und spricht für ihren Partner mit, wenn sie sagt:

*Wir möchten auch keine ökologische Belastung werden. Wir sind beide schon früh ziemlich grün angehaucht gewesen und haben beide gefunden, dass wir das nicht möchten, was man in den letzten paar Monaten des Lebens meistens noch anstellt. Es verursacht hohe Kosten und ist auch ökologisch und gesellschaftlich eine Belastung.*

## Mesoebene: Die Rolle der organisierten Angebote

In einigen Interviews wurde über das Sprechen über das Lebensende, das Sterben, den Tod und damit auch den assistierten Suizid im Freundeskreis oder mit Angehörigen hinaus auch die Rolle von Organisationen wie Exit, Dignitas oder Lifecircle und professionellen Angeboten explizit erwähnt.

### Der Wunsch nach professioneller Beratung

Aus einigen Interviews ging hervor, dass es einen Wunsch nach professioneller Beratung gibt, in der die wertschätzende und neutrale Zugehörigkeit im Zentrum steht, um auf der Basis der Kenntnis der Personen, um die es geht, zu bestmöglichen Entscheidungen zu kommen. Besonders wichtig scheint dabei die Möglichkeit zu sein, überhaupt über ein Thema sprechen zu können, das noch immer weitgehend unter einem doppelten Tabu zu stehen scheint: Über den Tod und das Sterben spricht man im Allgemeinen nicht gerne und über Therapieabbruch oder gar Suizid noch weniger. Frau Thomen beschrieb detailliert, wie sie sich ein solches Gespräch wünschen würde:

*Auf eine Art und Weise, dass zugehört wird, dass eine andere Meinung akzeptiert wird, dass nicht einfach derjenige, der eine andere Meinung hat, nachher vernichtet, was man gesagt hat.*

*Es ginge auch um ein Philosophieren vom Tod und darum zu schauen, wie das früher gewesen ist.*

Frau Fuchs machte sich Gedanken dazu, welche Unterstützung sie für ihre Entscheidungsfindung bräuchte: «Es ist die Frage, was ich im Voraus wirklich gut bestimmen kann, wo es welche Unterstützung braucht, damit ich die Entscheidung für mich gut treffen könnte. Das treibt mich um.» Sie wünscht sich ein professionelles Angebot, das Betroffene in Anspruch nehmen können oder auch Angehörige, wenn sie Entscheidungen stellvertretend für Personen fällen müssen, die das selbst nicht mehr können. Besonders im Fall eines Heim- oder Spitalaufenthalts würde sie sich mehr Zeit und Raum für Beratungsgespräche und Zuhören wünschen. Herr Reiser formulierte einen ähnlichen Gedanken und wies auf die dazu nötigen Rahmenbedingungen hin, die geschaffen werden müssten, um individuelle Entscheide fällen zu können:

*Das nenn' ich jetzt vielleicht Sterbeklinik oder so ähnlich: eine Möglichkeit, ein geschützter Raum, wo man sich nochmals beraten lassen kann, in einem angenehmen Ambiente, ohne dass man terrorisiert wird und dass noch 15 andere Leute mit einem sprechen wollen.*

Alle wissen, was erste Hilfe bedeutet und dass sie Leben retten kann. Man kann sie lernen und muss manchmal ein Basiswissen nachweisen, z. B. beim Erwerb einer Fahrerlaubnis. Analog dazu sind in den letzten Jahren immer mehr Angebote an Letzte-Hilfe-Kursen entstanden. In ihnen kann man lernen, wie man am Lebensende am besten hilft, nicht mehr mit Lebensrettung, sondern mit praktischem Rat und vor allem Seelsorge, die nicht an eine Konfession gebunden ist. Die reformierte Landeskirche bietet z. B. eine Fortbildung an, die allen offensteht (palliative zh + sh 2019). In einem eintägigen Kurs werden Grundwissen zum Thema Sterben und Sterbebegleitung und Grundgedanken der Palliative Care und der «Caring Communities» vermittelt. Caring Communities, sorgende, sich kümmernde Gemeinschaften, sind ein sozialraumorientiertes Modell, das Menschen aus einem bestimmten Quartier oder einer Region zusammenbringt, um gemeinsam eine Sorgekultur zu entwickeln (SRK 2019). Auch die Stadt Bern setzt sich für eine neue Sterbekultur ein und möchte das Lebensende «gemeinsam tragen». Dazu wurde nach den Kriterien von «Compassionate Cities» (Michel et al. 2021) z. B. eine «Berner Charta» für eine Unterstützung am Lebensende lanciert. Eine individuelle Beratung bietet in Bern die Beratungsstelle «Beratung Leben und Sterben». Dieses Angebot richtet sich kostenlos an alle, die sich mit individuellen Aspekten von Leben, Sterben und auch assistiertem Suizid auseinandersetzen möchten. Es wird ebenfalls von der Reformierten Kirche Bern-Jura-Solothurn getragen und berät auch Menschen, die diesen Kirchgemeinden nicht angehören. «Es geht darum, dass Menschen ihre persönlichen Antworten finden und entdecken, was sie trägt» (Beratung Leben und Sterben 2021).

### Ärztliche Beratung und Begleitung

Aufgrund der Tatsache, dass Ärztinnen und Ärzte durch die Leitlinien der SAMW eine Rolle als Gatekeeper einnehmen, die über eine eventuelle Verschreibung von NaP entscheiden, kommt den Hausärztinnen und Hausärzten eine zentrale Rolle zu. Sie sind idealerweise nahe an ihren Patient:innen, kennen sie über einen längeren Zeitraum, haben durch Gespräche ein ungefähres Bild ihrer Persönlichkeit und können ihren Gesundheitszustand anhand längerer Erfahrung gut einschätzen. Allerdings sind sie nicht nur Dienstleistende und Gesundheitspartner:innen, sondern haben auch ein eigenes Gewissen, das sie in einen Konflikt mit Sterbewünschen bringen kann. In den Interviews kamen unterschiedliche Aspekte zur Sprache. Die Patien:innenverfügung ist ein Instrument, um die Macht von ärztlichen Fachpersonen zu limitieren und ihre Entscheidungshoheit am Lebensende zu begrenzen. Sie stellt den Anspruch an diese, die Selbstbestimmung zu respektieren und den Patient:innenwillen zu garantieren. Darüber hinaus entlastet es sie auch, weil sie so besser wissen können, was die kranke Person wünscht. Herr Rudolf hat Patientenverfügungen mit unterschiedlichen Detaillierungsgraden erstellt und betonte: «Ich verlange von Ärzten, dass mein Selbstbestimmungsrecht voll respektiert wird. Ich habe geschrieben, dass der Arzt im Zweifelsfalle für den Tod entscheiden soll. Aus Sicherheitsgründen.»

Viele betrachten, wie auch anhand ihres Verhältnisses zu Autoritäten deutlich wurde, die Rolle der ärztlichen Fachpersonen als Gatekeeper kritisch. Dass sie den Zugang zu einem assistierten Suizid ermöglichen oder verhindern können, wird von Herrn Freudenberg sogar als entwürdigend bewertet und als eine Erhöhung der Gefahr, dass jemand sich auf andere Weise das Leben nimmt:

*Ich wünschte mir nur, dass man einen liberaleren Umgang finden würde. Dass man das, was in der Verfassung steht, auch realisieren kann und dass man nicht auf die Ärzte angewiesen ist, die sich gnädig herablassen müssen. Das ist für mich wirklich etwas Entwürdigendes, dass du im Prinzip nicht in der Lage bist, dein Leben zu beenden, ausser du machst es dann eben anders. Ich verstehe jeden, der diesen Weg nicht gesehen hat und nachher den anderen geht.*

Er erzählt von seinen eigenen Bemühungen bei der Beschaffung eines Rezepts für das Sterbemittel: «Seit fast vier Jahren habe ich jetzt geübt. Ich bin bei drei Ärzten gewesen und keiner gibt mir das Rezept, und ich bin auch bei drei Sterbehilfeorganisationen, die das selbstbestimmte Sterben gross proklamieren.» Herr Petri berichtet von der Enttäuschung eines Freundes über dessen Arzt:

> *Er ist mir sehr nahegestanden und hat die Diagnose Prostatakrebs gehabt. Er hatte einen Hausarzt, mit dem er befreundet war. Er hatte mit ihm abgemacht: «Du gibst mir Marscherleichterung, wenn es dann soweit ist.» Und mein ehemaliger Meister ist dann elendiglich verreckt – Entschuldigung, wenn ich das so sage – weil er die Marscherleichterung nicht erhalten hat, obwohl der Doktor sie ihm versprochen hatte.*

Das Nachdenken über diese Erfahrung führt ihn zu folgendem Schluss:

> *Was ist schlimmer in diesem Kontext? Jemand, der etwas verspricht und es danach nicht einhält oder jemand, der sich das wünscht und es nicht erhält, obwohl es ihm versprochen wurde? Dieses Dilemma ist für mich keine Option. Da habe ich klare Verhältnisse schaffen wollen.*

Auch Herr Mundiger wünscht sich, dass die Ärztinnen und Ärzte eine helfende Rolle einnehmen und bei einem assistierten Suizid Beistand leisten sollten. Seine Idealvorstellung wäre:

> *Man sollte das Recht haben, wenn man es begründen kann, vor allem im Alter, dass man mit dem Hausarzt vereinbaren kann: «Jetzt ist genug», und dann bekomme ich das Tablettchen oder die zwei, drei Tablettchen und wir machen ein schönes Ritual und verabschieden uns so, dass es für die Angehörigen auch passt.*

Herr Schwarz hat das Thema des assistierten Suizids bereits bei der Auswahl seines Hausarztes berücksichtigt und das Thema dabei explizit angesprochen. Es war ihm wichtig, einen offenen Umgang zu pflegen, ein Gespräch über sein Anliegen zu führen und die Haltung des Gegenübers zu erfahren. Im Dialog konnte geklärt werden, dass sein Arzt es akzeptieren kann, wenn sich jemand gegen lebensverlängernde Massnahmen entscheidet, er hingegen einen assistierten Bilanzsuizid aus Gewissensgründen eher nicht begleiten würde:

*Ich habe einen Hausarzt gesucht, und habe ihm gesagt: «Hör', ich möchte gerne diese Freiheit haben, dass ich, wenn ich keine Freude am Leben mehr habe und wenn ich wegtreten will, dass Sie das positiv sehen.» Und er hat gesagt: «Hör', ich bin dafür und ich bin auch immer froh, wenn eine alte schwerkranke Kundin von mir, die irgendwo im Tal hinten ist, einen Herzinfarkt kriegt, und wir sie nicht mehr retten können. Das ist positiv, aber ich werde Ihnen kein Rezept für die Sterbehilfe ausstellen.» Aber sonst ist er positiv dem Therapieverzicht gegenüber eingestellt. Er ist noch heute mein Hausarzt.*

Auch Frau Gabe führt im Interview aus, dass für sie die Wahl der hausärztlichen Fachperson wichtig ist und sie rät dazu, sich rechtzeitig zu erkundigen, in welchen Händen man ist:

*Das ist ein wichtiger Aspekt: Wenn man einmal wirklich schwer krank ist: Was hat man für einen Arzt, der einen unterstützt? Ist es einer, der nur die Krankheit sieht, oder schaut er das Ganze an? Das ist für ältere Menschen wahnsinnig wichtig.*

Die Rolle der Ärzteschaft beim assistierten Suizid und der ethische Konflikt, der sich dabei für viele auftut, haben Christophe Huber und Isabelle Rüdt aktuell untersucht. Der Konsiliararzt Huber hat der Journalistin Rüdt am Beispiel konkreter Fälle anschaulich berichtet, wie eine partnerschaftliche und respektvolle ärztliche Begleitung am Lebensende aussehen kann (Huber & Rüdt 2021).

## Beratung und Begleitung durch Sterbehilfeorganisationen

Die Rolle der Sterbehilfeorganisationen wurde in vielen Interviews erwähnt. Beispielsweise sah Herr Mundinger deren Aufgabe darin, «unnötige Selbstmorde zu verhindern» und schätzte ihre regelmässigen Informationen als Möglichkeiten der Aufklärung und Auseinandersetzung. Auch Herr Reiser äusserte sich positiv zu «kleinen Rundmails, in denen sie immer – zwar ein bisschen tendenziös – aber trotzdem hilfreich, darüber informieren, welche Entscheidungen auf unterschiedlichen Staatsebenen getroffen wurden, und wo was möglich ist.» Er schätzt die Möglichkeit, sich umfassend über verschiedene Aspekte der Sterbehilfe zu informieren. Herr Lieblich erwähnte in seinem Interview die Vertrauensbasis als Grundvoraussetzung für eine professionelle Beratung. Er greift damit die Kontinuität eines fundierten Entscheidungsprozesses auf und plädiert für einen frühen Eintritt in eine Sterbehilfeorganisation, damit sich dieses Vertrauensverhältnis aufbauen kann. Ohne bestehende Mitgliedschaft wird man, im Falle eines aktuellen Sterbewunsches z. B. nach einer bestimmten Diagnose «mit Nachsicht und einfühlsam am Telefon begrüsst, aber es ist einfach etwas anderes, wenn man schon drin ist und weiss, man kann dort anrufen und die kennen einen.» Auch Herr Geiger betonte die Bedeutung der persönliche Beziehung:

> *Das ist der Grund, warum ich mitmache und froh bin, wenn ich noch, solange ich urteilsfähig bin, einen Draht zu einer Institution habe, die mir dann ja ein Mittel geben könnte, das – Pentobarbital – das ist eine Beruhigung für mich. Ich habe immer auch einen persönlichen Kontakt zu einer dieser Leute, die dort Begleitungen machen und bei ihr sage ich immer: «Das ist wie ein Notausgang.»*

Frau Thomen bezeichnete die Aktivität von Sterbehilfeorganisationen als primär lebenserhaltend, weil «sie eigentlich mehr Lebenshilfe bieten. Sie reden mit den Leuten noch, haben mehrere Gespräche, und die Leute können danach sagen: ‹Ich will doch weiterleben›». Frau Fuchs fand ebenfalls die Beratung und Begleitung durch eine Sterbehilfeorganisation wichtig, besonders bei einer so schweren Entscheidung, wann eventuell der richtige Zeitpunkt für einen assistierten Suizid gekommen sei. Auch Herr Bärgi meinte, dass Sterbehelfer:innen eigentlich nicht die richtige Bezeichnung für die begleitenden Menschen sei und er sie genauso gut als «Lebenshelfer» bezeichnen würde. Er verdeutlicht das am Beispiel der Begleitung seiner verstorbenen Frau:

*Ich kann nur sagen, dass die Sterbehelferin meiner Frau immer sehr viel Mut gemacht hat, durchzuhalten. Da gab es überhaupt kein Stossen in Richtung «Dann machen wir das endlich.» Ich glaube, meine Frau hätte nicht so lange durchgehalten ohne die Sterbehelferin.*

Wird eine Sterbebegleitung durchgeführt, gilt dies als aussergewöhnlicher Tod und führt zu einer Untersuchung durch die Strafverfolgungsbehörden. Für Angehörige kann es eine erhebliche zusätzliche Belastung bedeuten, wenn die verstobene Person gerichtsmedizinisch untersucht wird oder wenn sie selbst befragt werden. Auch in dieser Hinsicht hat Herr Bärgi die Unterstützung durch die Sterbehilfeorganisation als entlastend und kompetent erlebt. Sie hatte die Bezeugung der Freiwilligkeit vorbereitet: «Angenehm war natürlich, dass die Sterbehelferin das sehr professionell gemacht hat mit all diesen Unterlagen, die bereit lagen, weil der Staatsanwalt oder die Polizei kommen musste.» Positiv schilderte er auch die Möglichkeit, eine Beratung über spezifische Aspekte der Sterbehilfe in Anspruch zu nehmen und dafür eine Vertrauensperson als Ansprechpartner:in zu haben, um den Dialog mit den Angehörigen informiert und gestärkt wieder aufnehmen zu können. Er berichtete, dass er ein Thema, das ihn beschäftigt, bald mit der für ihn zuständigen Ansprechpartnerin besprechen würde:

*Ich hab' im Sinn, demnächst mal die Sterbehelferin anzurufen und mich mit ihr zu treffen und genau über die Problematik zu sprechen, die mich beschäftigt. Ich möchte darüber ein bisschen mehr Klarheit haben, auch damit ich mit meiner Partnerin darüber sprechen kann. Möglicherweise werde ich dieses Gespräch auch gleich zusammen mit ihr planen, das muss ich mir noch überlegen, denn ich hab' das seinerzeit [als er seine erste Frau begleitete] auch sehr positiv erlebt, dass ich als Partner auch dabei war.*

Frau Viller erläuterte in ihrem Interview die Entlastung, die ihr die Begleitung durch eine professionelle Sterbebegleiterin verschafft hat:

*Sie hat mir auch gesagt, dass sie bei so einem jungen Mann – mein Mann war ja erst 39 gewesen – nicht damit gerechnet hat, dass es so schnell geht. Das sei für sie auch ein Zeichen gewesen, dass er bereit war. Das hat mich beruhigt, zu wissen, dass er diese Entscheidung getroffen hat und bis zum letzten Moment überzeugt gewesen ist, dass es für ihn das einzig Richtige war.*

Zudem wurde ihr von der Sterbehilfeorganisation nahegelegt, Zeugen dazu zu holen, wodurch ihr selbst eine Aussage gegenüber den Behörden erspart blieb, was sie zusätzlich entlastet hat:

*Dass ich nicht aussagen musste, habe ich als sehr angenehm empfunden. Ich habe mich dann auf meine Kinder konzentrieren können und habe gewusst, dass es nur noch darauf ankommt, dass die Behörde mir eine Entlastung gibt. Etwa drei Monate später ist dann ein Brief gekommen und darin ist gestanden, es sei alles gut: «Sie sind jeglichen Verdachtes enthoben.»*

In vielen Interviews wurde die Mitgliedschaft bei einer Sterbehilfeorganisation lediglich als Zugang zu einer möglichen Option beschrieben, die sie gar nicht für besonders wahrscheinlich halten. Einige äusserten, dass sie durch ihre Mitgliedschaft die Vereine und ihre Beratungen und Aktivitäten unabhängig davon unterstützen, ob sie davon ausgehen, selbst einmal einen assistierten Suizid in Anspruch nehmen zu wollen.

## Makroebene: Die Rolle der Gesellschaft

Was ihre Rolle als Mitglieder der Gesellschaft betrifft, war 17 Interviewten eine Enttabuisierung des Sprechens über Tod, Sterben und auch assistierten Suizid besonders wichtig. Drei drückten grundsätzliche Zweifel am Sinn von immer weiteren Möglichkeiten der Lebensverlängerung aus und sieben gaben an, dass sie eine Mitgliedschaft bei einer Sterbehilfeorganisation als besonders wirksames gesellschaftliches Engagement betrachteten, um ihrem Anliegen Gehör zu verschaffen. Herr Freudenberg meinte: «Es gibt in meinen Augen ein Tabu in unserer Gesellschaft, das Tabu Tod, und vor allem ein selbstinitiierten Tod, das ist ein riesiges Tabu.» Frau Thomen bedauerte: «Sterben gehört in unserer Kultur, in unserer heutigen Zeit eigentlich nicht zum Leben. Das darf nicht sein, es wird fast verboten.»

# Akzeptanz des assistierten Suizids in der Gesellschaft

Der Wunsch nach einer Enttabuisierung der Themen Tod, Sterben und auch des besonderen Sterbefalls durch einen assistierten Suizid kann ein politisches Anliegen sein.

**Abbildung 6**  Wunsch nach Akzeptanz in der Gesellschaft für die Auseinandersetzung mit der Option Assistierter Suizid (n = 27)

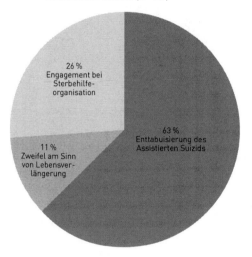

Er entspricht aber in erster Linie auch dem Wunsch nach Anerkennung ohne polarisierende Auseinandersetzung, wie Frau Lindner meinte: «Ich finde es einfach wichtig, dass jeder Mensch seinen Todeszeitpunkt mitentscheiden darf. Ich finde das ganz, ganz wichtig und unheimlich schön, wenn das auch gesellschaftlich angenommen werden könnte.» Sie betonte auch, dass die Rolle, die das soziale Umfeld spielen sollte, im

Allgemeinen mehr die des Helfens als die des Belehrens sein sollte: «Die anderen sollen helfen, aber nicht reinreden. Man sollte Hilfe zur Selbsthilfe leisten und es dürfte nicht so sein, dass einen die Ämter belehren.» Frau Salzmann bedauerte, dass die Akzeptanz des assistierten Suizids durch den Verdacht erschwert würde, er sei oft nicht so freiwillig wie behauptet, sondern ein Ergebnis sozialen Drucks: «Ich würde mir nicht nur für mich allein, sondern gesellschaftlich Akzeptanz des assistierten Suizids wünschen, ohne dass es die ganze Zeit heisst: ‹Da gibt es einen sozialen Druck.›»

Weil die Sorge vor einem impliziten sozialen und finanziellen Druck öffentlich angesprochen wird, wurde nach dem Eindruck und den Erfahrungen der Interviewten zu diesem Aspekt explizit gefragt.

## Sozialer und finanzieller Druck

In einer effizienten Hochleistungsgesellschaft mit hohem Innovationsdruck besteht generell die Gefahr, dass Menschen, die aus unterschiedlichen Gründen nicht oder nicht mehr produktiv sind, marginalisiert werden. Daraus, dass man die westliche Kultur nach Papst Franziskus auch als eine «Wegwerfkultur» bezeichnen kann, leitet z. B. die Glaubenskongregation der katholischen Kirche ab, dass vulnerable Gruppen allgemein unter Druck geraten: «Die Opfer dieser Kultur sind gerade die zerbrechlichsten Menschen, die Gefahr laufen, von einem Räderwerk ‹weggeworfen› zu werden, das um jeden Preis effizient sein will» (Kongregation für die Glaubenslehre 2020, Abschnitt IV). Auch Simone de Beauvoir hatte, aus dem ganz anderen Blickwinkel der politischen Wissenschaft und vor dem Hintergrund ihrer laizistischen Studien, eine ähnliche Gefahr gesehen:

*Die Gesellschaft kümmert sich um den einzelnen nur in dem Masse, indem er ihr etwas einbringt. Die Jungen wissen das. Ihre Angst in dem Augenblick, da sie in das soziale Leben eintreten, entspricht genau der Angst der Alten in dem Augenblick, da sie aus dem sozialen Leben ausgeschlossen werden.*
(de Beauvoir 1972, 467)

Allerdings hat sich die Lage der alten Menschen in den letzten 50 Jahren erheblich verbessert, sowohl was die Versorgung als auch was ihre finanzielle Ausstattung betrifft. Nach einer Berechnung des Online-Magazins «Republik» ist das Durchschnittsvermögen der Schweizer:innen mit etwa 70 Lebensjahren am höchsten (Kuhn 2020). Das heisst, die älteren und alten Menschen konnten ihren Einfluss als Kohorte und auch ihren Wohlstand verbessern. Alte Menschen sind als Konsument:innen und Kund:innen von Dienstleistungen geschätzt. Daher meinte Frau Grünwald sogar, dass das eigentliche Problem nicht ein gesellschaftlicher Druck in Richtung eines assistierten Suizids sei, sondern einer hinsichtlich des Weiterlebens:

*Ich finde, man kann es umdrehen und man sollte es umdrehen: Es ist nicht so, dass die bösen Kinder Anstoss nehmen am Leben der alten Leute, ihrer alten Eltern, weil sie denen gerne das Geld aus der Tasche ziehen würden. Aber umgekehrt kann man sagen, dass sich die Krankenhausleitung wirtschaftlich behaupten muss durch möglichst viele Patienten, oder vielleicht auch ein Heim, das einen gut zahlenden Pensionär als Gast hat, und dass auf jeden Fall die Pharmaindustrie sehr viel an den Alten verdienen kann. Alle genannten verdienen am Weiterleben einer alten Person, die im Grunde sterbensreif ist oder gerne sterben möchte.*

In einem fünfseitigen Anhang zu einer Mail vom 4.6.2020 mit dem Titel «Es möchte kein Hund so länger Leben» (ein Zitat aus Goethes *Faust*) schrieb Herr Lüttich:

*Für einen Betagten mag ein sanfter Tod sein grösster und einziger Wunsch sein. Warum sollte ein kommerzieller Anbieter ihm diesen Wunsch nicht erfüllen dürfen? In einer Welt, notabene, wo nahezu alles käuflich ist und pekuniäre Interessen über nahezu Allem zu stehen scheinen!*

Damit verweist er auf die Doppelmoral, die dahintersteht, dass die Kommerzialisierung aller Lebensbereiche nirgends so zu stören scheint wie am Lebensende, und vor allem dann, wenn es um Suizidhilfe geht, nicht aber bei der Ökonomisierung von Lebenserhaltung und Pflege.

Eine zusammenfassende quantifizierende Auswertung der Aussagen in den qualitativen Interviews über das Themengebiet des sozialen und finanziellen Drucks im Zusammenhang mit einem assistierten Suizid hat Folgendes ergeben: Eine Person äusserte die Sorge, dass er in Zukunft wachsen könnte, zwei Personen berichteten von finanziellem Druck in Richtung eines assistierten Suizids, allerdings war ihre Situation mit Krankheit verbunden und nicht mit dem Alter. 38 Personen gaben an, weder gesellschaftlichen noch finanziellen Druck zu verspüren, der ihnen die Option eines assistierten Suizids nahelegen würde.

Frau Losano, die pflegebedürftig ist, zu Hause lebt und im Falle eines Verlustes ihrer kognitiven Fähigkeiten einen assistierten Suizid planen möchte, beantwortete die Frage, ob sie das Gefühl habe, zur Last zu fallen, mit einem deutlichen «Nein, absolut nicht», und meint auf die anschliessende Frage, ob es für sie ein Problem darstelle, Hilfe anzunehmen: «Nein, das ist kein Thema, weil ich damit sehr gut umgehen kann. Alles rundherum funktioniert sehr gut, auch mit meinen Spitex-Betreuungspersonen.»

Zehn der Personen, die verneint hatten, dass es einen sozialen oder finanziellen Druck von Aussen gebe, äusserten sich dahingehend, dass sie sich selbst Fragen der Generationengerechtigkeit stellen. Herr Ledermann meinte:

> *Ich schau's jetzt mal von der finanziellen Seite an. Allein die Gesundheitskosten, Pflegekosten sind ja dann die letzten ein bis zwei Jahre auch, nicht zuletzt für jüngere Generationen, finanziell und physisch und psychisch eine sehr, sehr grosse Belastung. Vielleicht ist da Selbstbeschränkung gar nicht so schlecht.*

In eine ähnliche Richtung dachte Frau Wiesengrund anhand der Bevölkerungsprognosen:

> *Bis in das Jahr 2045 wird es wahrscheinlich 11 Prozent über 80-Jährige, Hochbetagte geben. Das zu finanzieren ergibt auch einen gesellschaftlicher Druck. Wir müssen es so regeln, dass die Jungen und die Menschen im mittleren Alter, die die Wirtschaft vorantreiben, auch irgendwie mit diesem Druck umgehen können.*

Herr Rudolf bezog ausserdem die ökologische Perspektive und die globale Gerechtigkeit mit ein:

> *Ich muss ja auch ein bisschen ökologisch denken. Wenn Sie sehen, dass Sie einen Menschen 15 Jahre im Spital pflegen müssen. Das kostet, niedrig gerechnet, 10–15 000 Franken im Monat. Was ich mit dem Geld in Afrika machen kann, um dort Leute auszubilden oder die Gesundheit dort zu fördern, das ist unglaublich, da können Sie eine ganze Region ausbilden.*

Der amerikanische Philosoph und Harvard-Absolvent Daniel Callahan, der das erste unabhängige Zentrum für Bioethik gegründet hatte, hat 1987 erstmals ein Buch mit dem Titel «Setting Limits» veröffentlicht, in dem er für eine Rationierung medizinischer Interventionen am Lebensende plädiert. Er argumentiert global und generational, aber auch im Interesse der alten Menschen selbst, die davon wegen des Verlusts an Lebensqualität nicht viel hätten. Er stellt in diesem Zusammenhang auch die These auf, dass Einschränkungen und Verbote assistierter Suizide die Position der Alten nicht verbessern, sondern verschlechtern, weil sie ihre Selbstbestimmung einschränken (Callahan 1995, 194).

# Hauptgründe konkret einen assistierten Suizid zu erwägen

Der häufigste Grund, weshalb ein assistierter Suizid derzeit tatsächlich in Anspruch genommen wird, ist mit 40,7 Prozent eine unheilbare Tumorerkrankung (BFS 2018). Die drei häufigsten möglichen Gründe, die in den Interviews genannt wurden, waren Demenz, intensive Langzeitpflege ohne wesentliche Interaktionsmöglichkeiten und Lebensmüdigkeit.

## Persönlichkeitsveränderung durch kognitive Einbussen (Demenz)

Legt man die Erkenntnis zu Grunde, dass Selbstsein sowie Identität kein statischer Zustand ist, sondern ein zeitlich erstreckter und sozial beeinflusster Prozess (Descombes 2013; Lamers 2015; Ravven 2013), ergibt sich die Notwendigkeit, dass wer aufgrund von Demenz einen begleiteten Suizid plant, in einem zu einem bestimmten Zeitpunkt gegebenen Stadium des Selbstseins für die eigene spätere Existenz und deren Ende entscheidet. Das heisst, das bewusste Selbstsein wird durch einen individuellen Willensakt gegenüber einem weniger bewussten Stadium priorisiert. Die Grenze des selbstbewussten, selbständigen, urteilsfähigen Existierens wird dabei mit der Grenze der Lebensqualität gleichgesetzt. Auf ein Leben danach wird präventiv verzichtet, auch wenn andere Möglichkeiten von Glück, Beziehungserfahrungen, Kommunikation und Lebensqualität möglich sind (Becker, Kaspar & Kruse 2011). Dass kognitive Fähigkeiten zu besitzen, mehr bedeutet als geistige Brillanz, weil sie auch bei der Affektkontrolle eine wesentliche Rolle spielen, kann bei Demenz ein weiteres Argument für den Wunsch nach einem assistierten Suizid darstellen. Wer besorgt ist, neurotische oder aggressive Seiten des eigenen Charakters nicht mehr sozialverträglich kompensieren zu können, möchte vielleicht über die Rettung des eigentlichen Selbst hinaus die Mitwelt vor unangenehmen Erfahrungen der Persönlichkeitsveränderung schützen.

Der amerikanische Rechtsphilosoph Ronald Dworkin hat den ethischen Konflikt, der sich bei der Priorisierung des früheren Selbst ergibt, abgewogen und kam zu dem Schluss, dass bei einer Güterabwägung zwischen Selbstbestimmung und Weiterleben die Selbstbestimmung im selbstverantworteten Einzelfall stärker zu gewichten sei (Dworkin 1993, 218 ff.).

Wo das Kriterium der Urteilsfähigkeit und die Selbstausführung eines assistierten Suizids nicht vom Gesetz gefordert wird, wie in den Niederlanden, kann das dazu führen, dass das Leben einer Person mit Demenz durch aktive Sterbehilfe (Euthanasie, Tötung auf Verlangen) beendet werden darf, auch wenn diese nicht mehr urteilsfähig ist, und nicht mehr einwilligt, wie vom obersten Gericht der Niederlande am 21.4.2020 entschieden wurde (Hoge Raad den Haag ECLI:NL:HR:2020:712). In dem durch alle Instanzen verhandelten Fall hatte eine zum Todeszeitpunkt 74-jährige an Demenz erkrankte Frau in einer früher verfassten Patient:innenverfügung festgehalten, dass ihr Tod durch eine Fachperson herbeigeführt werden solle, wenn ihre Krankheit weiter fortgeschritten sei. Eine Ärztin hatte ihr daraufhin 2016 in dem Pflegeheim, in dem sie lebte, aktive Sterbehilfe geleistet. Die Rechtmässigkeit dieser Handlung wurde in Frage gestellt, weil die Patientin sich dagegen zu wehren schien. Doch der bei klarem Bewusstsein vorformulierte Wunsch wurde gegenüber dem unmittelbaren, aber nicht rational begründeten Willen priorisiert. In der Schweiz ist das nicht möglich und es gibt derzeit auch keinen Vorstoss in diese Richtung. Das bedeutet, dass bei Demenz der «richtige Zeitpunkt», an dem noch Urteilsfähigkeit attestiert werden kann, nicht verpasst werden darf. Drei Gesprächspartner:innen haben das bedauert.

In 28 Interviews, also beinahe zwei Dritteln, wurden kognitive Einbussen z. B. durch eine Demenzerkrankung und die damit einhergehenden Persönlichkeitsveränderungen als Grund genannt, einen assistierten Suizid in Erwägung zu ziehen bzw. zu planen. Auch hierbei handelt es sich um subjektive Ansichten, die meistens nicht verallgemeinert werden. Einige Interviewte berichteten von ihren Erfahrungen mit Demenz in ihrem engeren Umfeld, oder von Beobachtungen an sich selbst, die differenziert ausfielen. Frau Gabe berichtete von ihrem vor fünf Jahren verstorbenen Ehemann, der an Demenz erkrankt war und den sie, auch mit professioneller Unterstützung, begleitet hatte:

*Ich habe ihn bis zum Schluss begleitet. Ich bin immer bei ihm gewesen, und da habe ich gefunden: «Nein, das möchte ich eigentlich nicht.» Das ist ein langsames Weggehen, bei dem man im Grunde genommen gar nicht mehr ich ist. Es ist ein langsames Absterben. Ich bin in eine Angehörigengruppe gegangen und war auch mit der Alzheimer-Vereinigung immer wieder in Kontakt, und mich hat das sehr beschäftigt. Ich habe mich immer wieder damit auseinandergesetzt und habe dann doch gefunden: «Nein, wenn es mich einmal trifft, möchte ich sagen: Diesen Weg möchte ich nicht gehen, das möchte ich nicht.»*

Den hier angesprochenen Verlust des eigenen Ichs, dass man nicht mehr weiss, wer man ist und wer man war, hat Frau Insel im Freundeskreis miterlebt:

*Das macht mir am meisten Angst. Ich habe ein paar Freunde, es sind alles Männer, die waren ganz, ganz gescheite gewesen, also Professoren und ein Sek-Lehrer [Lehrer der Sekundarstufe]. Die sind heute so stark dement. Sie sind in einem Heim, erkennen niemanden mehr, man kann nicht mehr reden mit ihnen, es ist einfach absolut schrecklich, und das möchte ich dann einmal nicht.*

Frau Wiesengrund beschrieb eine andere Erfahrung und hebt bei der Begleitung ihrer demenzkranken Mutter die Momente hervor, in der sie einen Zugang zu ihr finden kann:

> *Zwischendurch sind da wieder solche Momente, in denen ich denke, es ist doch noch irgendetwas da, irgendwie ist sie noch erreichbar, und das ist es, weshalb ich bisschen Bedenken habe. Bei Demenz ist es ja nicht so, dass der Mensch völlig weg ist. Man kann das nicht abschliessend beantworten. Es ist vor allem für die Umgebung sehr schmerzhaft und sehr schwierig, aber was wirklich bei einer dementen Person abläuft, das wissen wir einfach noch zu wenig.*

Auch Herr Reiser betonte den Unterschied zwischen der Aussen- und der Innenperspektive und lässt die Frage nach der Lebenszufriedenheit offen: «Demenz? Man weiss ja die Prioritäten eines stark Dementen eigentlich nie so genau. Man ist zwar hilflos, verläuft sich, verliert viel, vor allem das Kurzzeitgedächtnis, aber vielleicht ist man noch glücklich. Man lebt in seiner Welt und es geht einem noch gut.» Für Frau Zimmermann verbietet sich gänzlich eine äussere Beurteilung des inneren Zustands einer dementen Person aufgrund objektiver Grenzen der Identifikationsmöglichkeiten: «Man kann sich gar nicht einfühlen. Niemand weiss wie es ist, wenn man an Demenz erkrankt, der es selber nicht hat. Deshalb sollte man sich dort ganz fest raushalten.» Am Heidelberger Institut für Gerontologie wurde ein Instrument entwickelt, um die Lebensqualität von Menschen mit Demenz erfassen und verbessern zu können (Becker, Kaspar & Kruse 2011). Dennoch bleibt das Innenleben einer Person, die sich nicht mehr verbal oder äquivalent gestisch verständigen kann, ein Rätsel, vor dem man, je nach Persönlichkeit, Angst hat, das man gelassen hinnimmt, oder auf das man sogar in einzelnen Fällen vielleicht neugierig ist.

Abbildung 7   Erwägung eines assistierten Suizids bei Langzeitpflege (n = 28)

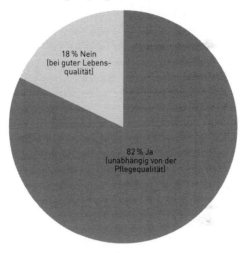

Die unterschiedlichen differenzierten Standpunkte spiegeln die Tatsache wider, dass der Verlauf und das Miterleben von Demenzerkrankungen ebenso variabel ist wie die einzelnen Biografien. Wie bei der Lebensqualität können verschiedene Gewichtungen zu unterschiedlichen Präferenzen führen. Wer die Aussenperspektive weniger gewichtet und sich auf die Innenperspektive und alternative Dimensionen der Lebenszufriedenheit fokussiert, kann eine Zukunft mit einer Demenzerkrankung besser akzeptieren. Wer diesen Weg nicht gehen möchte, ist nach derzeitiger Gesetzeslage gezwungen, den assistierten Suizid auszuführen, solange die Urteilsfähigkeit noch gegeben ist. Aufgrund der Vitalität und der Lebensqualität, die zu diesem Zeitpunkt meistens noch gut sind, wird er allerdings als zu früh empfunden. Herr Lieblich berichtet von einem über 90 Jahre alten Bekannten, der sein alltägliches Leben mit Hilfe seiner Frau noch recht gut selbständig bewältigen kann: «Er müsste nach unserer Gesetzgebung jetzt langsam entscheiden ‹Will ich, oder will ich nicht?›, und das finde ich einfach zu früh. Da zwingt einen der Staat, früher zu gehen als es eigentlich von mir aus gesehen richtig ist.» Auch für Herrn Wettinger ist die Notwendigkeit, den richtigen Zeitpunkt bei einem assistierten Suizid bei Demenz nicht zu verpassen, ein Problem und er spricht deutlich den Wunsch aus, die Regelungen in Richtung einer aktiven Sterbehilfe zu erweitern:

*Es wäre schön, man könnte die Freitodbegleitung vorab festlegen. Ich denke dabei an Leute, die demenzkrank werden, die müssen eigentlich immer zu früh gehen, weil sie ja den Punkt nicht verpassen dürfen, an dem sie nicht mehr zurechnungsfähig sind. Und ich denke es wäre schön, wenn man schriftlich festhalten könnte, wie in einem Testament oder einer Patientenverfügung, vielleicht notariell beglaubigt, dass man auch später noch aussteigen könnte und dann nicht quasi zu früh gehen muss, nur damit man sicher ist, dass man gehen kann.*

Insgesamt war für neun Interviewte das Problem, den durch die Leitlinien vorgegebenen, richtigen Zeitpunkt nicht zu verpassen, relevant.

In einer E-Mail vom 5.6.2020 hat Frau Kraal, nachdem die Liste der Interviewten geschlossen worden war, vom Leiden ihrer Mutter in einer traditionellen Einrichtung berichtet und von dem Schluss, den sie daraus für sich selbst gezogen hat – im Zweifel lieber zu früh zu sterben. Sie stellt bei einem Vergleich zur Tumorerkrankung ihrer Schwiegereltern fest, dass ihre Mutter mit einem assistierten Suizid auch einen besseren Tod hätte sterben können:

*Meine beiden Schwiegereltern waren unheilbar an Krebs erkrankt und sind kurz nacheinander mit Hilfe einer Sterbehilforganisation aus dem Leben geschieden. Dieser Weg war meiner Mutter nicht mehr vergönnt. Sie lag noch fünfeinhalb Jahre nach mehreren kleinen Hirnschlägen im Pflegeheim, ans Bett gefesselt und im 4. Grad dement, trotzdem bis zum letzten Moment wahrnehmend, dass sie im Pflegeheim und ans Bett gefesselt war, weil sie ausser einem Arm nichts mehr selbst bewegen konnte. Oft hat sie geschrien und geweint, dass sie verdammt sei, und es hat mir und meinen Geschwistern das Herz gebrochen, sie so leiden zu sehen.*

## Langzeitpflege

Im Kapitel «Würde und das Problem der Abhängigkeit» wurden die in den Interviews zum Ausdruck gebrachten differenzierten Einstellungen zur Pflege analysiert. An dieser Stelle sei darauf verwiesen, dass 23 von 41 Interviewpartner:innen geäussert hatten, dass eine irreversible Situation mit mittelintensivem bis intensivem Pflegebedarf für sie einen Grund für die Inanspruchnahme eines assistierten Suizids darstellen würde. Fünf Interviewte sahen in der Pflegebedürftigkeit, bei vorhandener Lebensqualität, kein grundsätzliches Problem und damit keinen Grund zur Inanspruchnahme eines assistierten Suizids. Die anderen stellten die eigene Pflegebedürftigkeit in keinen Zusammenhang zur Entscheidung für einen assistierten Suizid.

## Lebenssattheit, Lebensmüdigkeit (Bilanzfreitod)

Der Bilanzfreitod ist ein umstrittenes Thema. Aus medizinischer Sicht kann es sich dabei um Multimorbidität handeln, das Zusammenkommen mehrerer Erkrankungen, die für sich genommen gut behandelbar sein mögen, in der Summe jedoch die Lebensqualität stark beeinträchtigen. Es kann allerdings auch sein, dass nicht eine physische Erkrankung hinter einem

Wunsch nach einem Bilanzsuizid steht, sondern die Ermüdung des Willens weiterzuleben. Der eher positiv gefärbte Begriff der Lebenssattheit findet sich im Alten Testament – die Greise Abraham und Hiob starben lebenssatt. Er bezeichnet das Gefühl, genug gelebt und erfahren zu haben und zufrieden, im Reinen mit sich selbst und dem Schicksal, sterben zu können bzw. zu wollen. Der eher negativ gefärbte Begriff der Lebensmüdigkeit (noch stärker wäre Lebensüberdruss) bezieht sich darauf, dass das Leben anstrengend ist und die Kräfte mit dem Alter(n) so stark abnehmen, dass man in einer Zeit der Langlebigkeit in dieser Lage das Recht haben möchte, für immer einzuschlafen, statt übermüdet auf den Tod warten zu müssen. In der Schweiz und auch in Deutschland sind assistierte Bilanzsuizide rechtlich möglich, werden aber oft nicht unterstützt, weil die ärztlichen Richtlinien unerträgliches Leiden und eine zeitliche Nähe zum erwartbaren Lebensende voraussetzen.

Der Jurist und Autor Ferdinand von Schirach hat in seinem Theaterstück «Gott», dessen Film-Version am 23.11.2020 zeitgleich von den beiden Fernsehstationen SRF und ARD übertragen wurde, dieses Thema publikumswirksam aufgegriffen. Die Vorgeschichte des Stückes ist, dass ein 78 Jahre alter Mann sein Leben nach dem Tod seiner Frau beenden möchte und seine Hausärztin um Hilfe gebeten hat. Diese hat aus Gewissensgründen abgelehnt, ihm das Sterbemittel zu verschreiben, da ihm physisch nichts fehle. Der Fall wird im Stück exemplarisch vor dem Deutschen Ethikrat diskutiert. Es kommen, neben dem Protagonisten und seinem Anwalt, verschiedene Stimmen zu Wort, die kontrovers diskutieren und die unterschiedlichen Haltungen plakativ illustrieren: die Hausärztin, Vertreterinnen des Ethikrats sowie medizinische, juristische und theologische Sachverständige. Das Ende bleibt offen und lädt das Publikum zur Interaktion ein. In den 10 Minuten nach Ende der Übertragung konnte mittels elektronischer Abstimmung die persönliche Meinung mitgeteilt werden, ob dem Protagonisten bei der

Abbildung 8   Rezeption des Films «Gott» in der Schweiz und Abstimmungsergebnis für oder wider den Bilanzsuizid (n = 35 000)

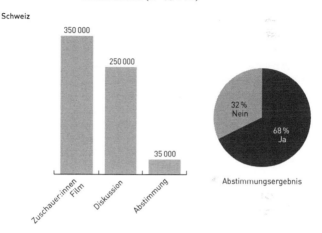

Abbildung 9   Rezeption des Films «Gott» in Deutschland und Abstimmungsergebnis für oder wider den Bilanzsuizid (n = 546 000)

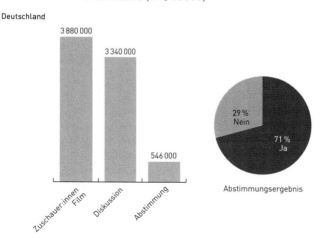

Durchführung des gewünschten assistierten Suizids geholfen werden sollte oder nicht. Zudem fand im Anschluss an den Film im SRF und in der ARD jeweils eine Diskussionsrunde mit eingeladenen Fachpersonen statt. Das grosse Interesse des Publikums am Thema Bilanzfreitod und die Abstimmung durch die interaktive Teilnahme geht aus den Abbildungen 8 und 9 hervor.

Zum Vergleich: Die öffentliche Sitzung des Deutschen Ethikrates vom 22.10.2020, die live auf YouTube übertragen wurde, wurde bis zum 01.02.2021 hingegen nur 627 mal aufgerufen. An der Diskrepanz zwischen dem erheblichen Bedürfnis nach einer öffentlichen Diskussion über das Thema assistierter Suizid im Rahmen der Selbstbestimmung, und dem eher geringen Interesse an der Meinung der Expert:innen aus der Politikberatung, zeigt sich eine deutliche Entfremdung zwischen Staatsbürger:innen und Institutionen.

Wie der Protagonist im Film, meint auch Frau Wiesengrund, dass ein Bilanzfreitod zu den fundamentalen Rechten gezählt werden müsse:

> *Es ist ein Grundrecht des Menschen, dass er gehen kann, wenn er findet, es ist gut – und damit meine ich auch den Freitod ohne Vorliegen einer bedrohlichen Krankheit wie Krebs oder Demenz. Wenn ich alleine bin, mein Partner ist vielleicht nicht mehr da, ich habe vielleicht keine Familie und Freunde mehr und ich finde, ich hatte ein gutes Leben, dann könnte ich ja auch einfach einmal sagen: «Es ist gut, es ist jetzt genug so», und ich möchte nicht auf irgendein unwürdiges Mittel zurückgreifen müssen, wie mich vor einen Zug werfen oder mich zu Tode hungern.*

Hier wird nicht pathologische Suizidalität angesprochen, sondern «Bilanzfreitod» meint durchaus auch eine Würdigung der glücklicheren Vergangenheit, der gegenüber die Zukunft nur noch Einsamkeit und Trübsinn bietet.

Ärztinnen und Ärzten, von denen Hilfe für einen solchen Bilanzsuizid erwartet wird, stellt sich die Lage derzeit allerdings auf doppelte Weise kompliziert dar. Persönlich sind die wenigsten in ihrer Ausbildung überhaupt mit dem Thema in Berührung gekommen und fühlen sich auch nicht dafür zuständig, weil es sich bei diesen Hilfesuchenden im engeren Sinn nicht um Patient:innen handelt. Es liegt kein medizinisch behandelbares, sondern ein existenzielles Leiden vor. Was die Berufsethik betrifft, binden denen, die zur Hilfe bereit wären, die Leitlinien die Hände. An diesem Punkt setzt Herr Baraldi an, der eine Änderung der Regelungen fordert:

*Ich bin der Meinung, das müsste politisch durchgesetzt werden, denn das ist ja immer noch nicht erlaubt. Und das ist ein Mangel, eine Einschränkung meiner Freiheit, von meiner Selbstverantwortung, von der an anderen Stellen so viel geredet wird. Nur an dem Punkt wird sie mir nicht zugestanden.*

Hier wird wieder die Asymmetrie bei der Selbstverantwortung angesprochen, die auch Frau Wiesengrund festgestellt hatte. Sie ist so lange erwünscht und wird staatlich gefördert, solange es um den Selbsterhalt, die finanzielle Selbständigkeit und die Eigeninitiative geht (Subsidiarität), aber in der Verfügung über das eigene Lebensende wird Hilfe zu einem selbstbestimmten Tod erschwert. Das wird vielfach als Doppelmoral erlebt. Für Frau Losano, deren Aussage ein besonderes Gewicht beigemessen werden kann, weil sie selbst mit physischer Beeinträchtigung lebt und ein Pflegeteam in Anspruch nimmt, ist das Wichtigste an der Möglichkeit, einen Bilanzsuizid planen zu können, der Erhalt ihrer Würde, der auch darin besteht, nicht einsam und ohne ein selbstgewähltes Ritual sterben zu müssen:

*Das sind so meine Richtlinien, meine Werte: Ich stelle mir vor, wie das nachher alles aussehen sollte, wie ich das möchte mit Fei-*

*ern und so. Ich habe das «mittig» im Kopf, wie ich das möchte, den ganzen Ablauf, und da sollte dann nichts dazwischenkommen. Ich kann sagen: «So, bis hier hin und nicht weiter», und mich noch von meinen Liebsten verabschieden und nicht irgendeinmal einfach in einem Bett, vielleicht mit Schmerzmitteln einmal gehen. Das möchte ich nicht. Ich möchte wirklich noch hier sein, und mich verabschieden können, und sagen können: «So, es ist gut gewesen, merci vielmals, es ist schön gewesen und jetzt gehe ich.»*

# Alternativen zum assistierten Suizid

«Der Tod ist die Erlösung von allen Schmerzen, ist die Grenze, über welche unsere Leiden nicht hinausgehen; er versetzt uns wieder in jenen Ruhezustand, dessen wir vor unserer Geburt teilhaftig waren», schrieb der Römische Philosoph Seneca (Seneca 1987, 19. Kapitel). Eine zuverlässige Schmerztherapie vor dem Tod ist ein noch junges und nicht allgemein und global zugängliches Privileg. In unzähligen christlichen Kirchen wird das Leiden des Gottessohnes, der das Schicksal der sterblichen Menschen angenommen und mit ihnen geteilt hat, durch Fresken, Bilder, Glasfenster und Skulpturen dargestellt. In Zeiten, in denen es gegen das physische Leiden hauptsächlich Kräuter und Behandlungen durch reisende Bader gab, bei denen Alkohol als Betäubungsmittel benutzt wurde, spendete es Trost, sich im Leiden von Jesus wiederzuerkennen. Schmerzen und Leiden als Durchgangsstufe zu der den Gläubigen versprochenen Erlösung und Auferstehung waren in eine höhere Sinnkonzeption eingebunden, die heute verblasst ist. Ursachen von Schmerzen können erkannt und nach Möglichkeit beseitigt werden. Das Leiden durch Schmerzen ist durch die Palliativmedizin beherrschbar geworden, was aber nicht heisst, dass damit auch das existenzielle Leiden geheilt werden könnte. Für viele Interviewpartner:innen war Senecas Trost, dass der Tod alles Leiden beendet, auch ohne ein Auferstehungsversprechen wichtig. Die Vorstellung, dass man nicht alles erdulden muss, sondern entscheiden kann, ein Leben zu beenden, *in* dem man und *an* dem man nur noch leidet, gibt ihnen ein Gefühl der Sicherheit: «Das macht das Leben leichter, das macht mir weniger Angst vor dem Leben und vor dem Sterben, denn ich habe die Möglichkeit das Schlimmste zu umgehen» (Frau Grünwald).

Eine Patientin mit amyotropher Lateralsklerose (ALS), die das deutsche Bundesinstitut für Arzneimittel und Medizinprodukte darum gebeten hatte, eine ausreichende Dosis NaP geliefert zu bekommen, beschrieb im Wochenmagazin «Der Spiegel» vom 16.04.2019 ihre Enttäuschung über die Ablehnung ihres Gesuchs. Die wichtigsten Punkte, die sie anführt sind, dass ihr ein Recht vorenthalten werde, dass sie gezwungen werde, einer Organisation beizutreten, obwohl sie gar keinen assistierten Suizid wolle, sondern lediglich die Möglichkeit einer spontanen Selbsttötung, dass es grausam sei, länger im Voraus einen Termin zum Sterben vereinbaren zu müssen, und dass ihr die Sicherheit verwehrt sei, zu wissen, dass sie ihr Leid beenden kann, wenn es ihr zu viel wird:

*Ich will das Mittel nicht sofort nehmen. Ich will, dass es bei mir liegt, zu Hause in einer verschliessbaren Kassette, vorschriftsmäßig soll es schon zugehen. Ich bin mir sicher, dass ich mit diesem Zeugs in der Hinterhand noch eine Weile länger durch- und aushalte.*

Wer nicht den Weg eines assistierten Suizids mit allen Hürden der Beratung und Begutachtung gehen möchte, hat die Alternativen auf die Palliativmedizin zu vertrauen, auf Nahrung und Flüssigkeit zu verzichten, oder eine andere Form der Selbsttötung zu wählen, die oft gewaltsam ist und Angehörige sowie unbeteiligte Dritte stark belastet.

## Palliative Care

Wer der Sterbebegleitung kritisch oder ablehnend gegenübersteht, führt gerne die Palliativmedizin und -Pflege (zusammen Palliative Care) an mit dem Argument, dass Schmerzen, Atemnot und Ängste gut kontrollierbar seien und ein Sterben ohne Qualen somit möglich sei. Wie sich schon in den Aussagen zu den Themen Würde und Lebensqualität gezeigt hat, ist die Garantie, nicht an Symptomen Leiden zu müssen, für viele nicht ausreichend, da sie auch existenziell an der Hilflosigkeit leiden, am Kontrollverlust und am Verlust ihrer Persönlichkeit. So haben acht der Interviewten Palliative Care kategorisch abgelehnt, ebenso viele standen ihr jedoch positiv gegenüber, zumindest als zeitweilige Lösung. Einige Vertreter:innen der Palliative Care oder der professionellen Ethik ziehen auch keine scharfe Grenzlinie zwischen ihrem Wirkungsbereich und der Sterbebegleitung mit der Option eines assistierten Suizids, sondern sind für Übergänge offen (Küng 2014, 75 ff.; Rüegger 2020). Die Sterbehilfeorganisationen schlagen ihrerseits Palliative Care als Alternative zu einem schnellen assistierten Suizid vor. Frau Grünwald erinnert sich an die erst wenige Jahrzehnte zurückliegende Zeit, in der noch gar keine palliative Behandlung angeboten wurde:

> *Es gab nicht nur keine Palliativmedizin, sondern der Mensch wurde von den Ärzten sozusagen als Versuchskaninchen behandelt. Ich meine nicht, dass die Ärzte das in böser Absicht getan haben, aber es gab die Überzeugung, der Mensch müsse am Leben erhalten werden, koste es, was es wolle und koste es auch den Kranken, was es wolle. Es war deshalb sehr viel mühsamer in der Zeit um 1981 zu sterben als zum Beispiel zur Zeit meiner Grosseltern. Damals ist man einfach gestorben, aber inzwischen, 1981, wurde man am Leben erhalten, auch wenn es nicht mehr auszuhalten war.*

Diese Rückblende erinnert genau an das Zeitfenster, in dem die Lebensverlängerung immer entscheidendere Fortschritte machte, aber aus lauter Freude daran, und in Missachtung des Patient:innenwohls vergessen wurde, auf die Lebensqualität der am Leben Erhaltenen zu achten.

Frau Insel berichtete, wie ihr Mann mit Ende 40 an Krebs gestorben ist. Er war bei einer Sterbehilfeorganisation eingeschrieben und hatte Palliative Care in Anspruch genommen, aber mit der Möglichkeit eines assistierten Suizids im Hintergrund:

> *Von dann an, wo das Morphium bei uns zu Hause gewesen ist, neben seinem Bett, ist er sehr viel ruhiger geworden. Er ist gelassener gewesen, weil er gewusst hat, dass er das im Notfall nehmen kann. Dieser Notfall ist dann auch eingetreten. In der Nacht hat er immer schwerer geatmet und Luftnot gehabt. Ich habe ihm dann nochmals Morphium gegeben. Er hat es sich selbst gespritzt, ich habe ihm dabei ein bisschen geholfen, aber es hat noch nicht genug genützt. Er hatte noch immer Atemprobleme gehabt. Dann hat er sich noch eine zweite Spritze gegeben, wieder mit meiner Hilfe, und danach ist er einfach so weggeschlafen, absolut gut und friedlich.*

Frau Thomen berichtete von einer Erfahrung aus einem Spital, in dem es möglich war, einen assistierten Suizid durchzuführen: «Es ist so, dass für eine Patientin alles organisiert war. Die Sterbehilfeorganisation ist bereit gewesen für den nächsten Tag. Es war ihre letzte Nacht im Spital und in dieser Nacht ist sie eingeschlafen und gestorben.»

Andere stehen der Palliative Care grundsätzlich kritischer gegenüber. Sie verbinden sie mit einem Gesundheitszustand, von dem sie befürchten, dass er es ihnen unmöglich machen könnte, eine Sterbebegleitung durch assistierten Suizid zu erhalten. Herr Mundinger, der eine Tumorerkrankung hat, sprach über die Erleichterung, die ihm die Mitgliedschaft bei einer Sterbehilfeorganisation verschafft hat: «Das hat mir sofort eine Sicherheit und eine Beruhigung gegeben, weil ich gewusst habe, ich komme nicht in eine Situation, in der es nichts mehr anderes gibt als eben in die Palliativpflege rein.» Frau Losano wies explizit auf ihre Weigerung hin, das Risiko einzugehen, ihre Entschluss- und Urteilsfähigkeit und ihr klares Denken zu verlieren:

*Bis zum Schluss will ich einen klaren Kopf behalten, das ist für mich das Wichtigste, weil ich so fit im Kopf bin. Für mich wäre es ein No-Go, wenn ich nicht mehr über meine Situation nachdenken könnte, oder nicht mehr selbst bestimmen könnte: «Ich will das nicht, oder ich will jenes nicht.» Wenn man nur noch abgefüllt wird und nachher hinüberschläft, das will ich nicht.*

Mit drastischen Worten sprach auch Herr Petri von den bewusstseinstrübenden Nebenwirkungen der zur Schmerzbekämpfung eingesetzten Opiate und meinte:

*Wenn das Argument kommt: «Wir können in der Palliativpflege alles leisten», dass man schmerzfrei unterwegs sein kann, oder nahezu schmerzfrei, dann muss man einmal schauen, wie viele Menschen bei uns im Drogenrausch sterben, in dem sie eigentlich gar nicht mehr sie selbst sind, sondern einfach mit Morphin zugedröhnt werden. Da tun sich mir grosse Fragezeichen auf. Ich möchte nicht in einem Rausch sterben müssen. Dass man das als Schmerzbefreiung anschaut, das ist ein Teil, aber dass man nicht mehr bei klarem Geist ist, das ist der andere Teil davon.*

Auch dieses Themengebiet zeigt die Vielfalt und Differenziertheit der Erfahrungen, Überlegungen und der sich daraus ableitenden Argumente und persönlichen Präferenzen.

## Sterbefasten, Freiwilliger Verzicht auf Nahrung und Flüssigkeit (FVNF)

«Sterbefasten» wurde von sechs Interviewten als eine mögliche Alternative zum assistierten Suizid genannt. Die korrekte Bezeichnung dieser Art, das Lebensende willentlich, aber passiv herbeizuführen, ist «Freiwilliger Verzicht auf Nahrung und Flüssigkeit (FVNF)». Dabei kommt es vor allem auch auf den

Verzicht auf Flüssigkeit an. Es kann heute mit palliativer Begleitung geschehen. Früher wurde es, wie sich Frau Herzog erinnert, aber auch schon praktiziert: «Eine Grossmutter von mir hat das drei Wochen lang gemacht, so lange hat das gedauert.» Die Erinnerung daran scheint für sie nicht belastend zu sein, weil sie das Sterbefasten für sich selbst als eine Alternative zu einem assistierten Suizid in Betracht zieht, sollte sie in eine Lage kommen, nicht mehr leben zu wollen. Sie meinte, falls sie keine Sterbebegleitung durch eine Organisation bekäme, dann «ist es gut, wenn ich einfach Sterbefasten machen kann. Ich muss mir dann nicht eine Kugel geben.» Sie spricht dieser Sterbeart darüber hinaus sogar noch eine letzte mögliche Selbsterfahrung zu:

*Ich fände es schon noch cool, wenn ich so fokussiert sein könnte, dass ich einfach sage: «Und jetzt schlafe ich ein und jetzt gehe ich in ein Sterbefasten hinein, jetzt ist es einfach Zeit, es ist vollbracht», super das würde mich freuen.*

Sie benutzt an dieser Stelle ein Bibelzitat. «Es ist vollbracht», sagt der gekreuzigte Jesus nach dem Johannes-Evangelium (19,30).

Auch Herr Wettinger erinnert sich an die Sterbebegleitung bei seiner Mutter. Sie hätte gerne einen assistierten Suizid gewählt. Zum entsprechenden Zeitpunkt gab es allerdings im Kanton Schwyz keine Ärztin und keinen Arzt, die diesen ermöglichen und begleiten konnte oder wollte. Deshalb hat sie sich für das Sterbefasten als für sie weniger gute Lösung entschieden.

Frau Lindner ordnet es als den bewussten Entscheid zum langsamen Sterben ein, als eine Art Kompromiss zwischen dem Entschluss, bald und an einem geplanten Termin sterben zu wollen, und dem Zurückschrecken davor, zu einem bestimmen Zeitpunkt durch ein Mittel, also eine aktive Handlung, das eigene Leben zu beenden.

Ausgesprochen negativ äusserte sich Frau Viller zu dieser, ihrem Mann von einer Sterbehilfeorganisation vorgeschlagenen Option. Die Vorgeschichte ist, dass ihr Mann nach schweren Hirnblutungen und Koma mit einem Locked-in-Syndrom wieder aufgewacht war. Er hatte in der Reha gelernt, sich über Buchstabentafeln mitzuteilen, aber es gab keine Hoffnungen mehr auf weitere Fortschritte, so dass seine Aussicht eine 24-Stunden-Langzeitpflege war. Die erste Mitteilung, die er seiner Frau gemacht hatte, war eine Liebeserklärung an sie. Als erkennbar wurde, dass er irreversibel auf Intensivpflege angewiesen sein würde, hat die berufstätige Mutter von zwei Kindern im Vorschulalter geprüft, ob eine häusliche Pflege umsetzbar gewesen wäre. Laut ihrer Auskunft wurden ihr jedoch nur zwei Stunden am Tag durch die Spitex bewilligt, so dass sie sich ausser Stande sah, selbst den Rest zu leisten. Ihr Mann wollte auf keinen Fall im Pflegeheim bleiben und entschied deshalb, sein Leben zu beenden. Da er auf künstliche Ernährung angewiesen war, hätte es die Möglichkeit gegeben, diese einzustellen, doch Frau Viller berichtete, er habe angezeigt, «Ich will ja nicht wie ein räudiger Hund im Strassengraben verhungern», und meinte, das sei kein würdevoller Tod. Er wurde dann nach Hause entlassen, wo er nach einigen Tagen eine Sterbebegleitung bekam, die von der anwesenden Familie als sehr würdevoll erlebt wurde.

## Selbstorganisierter Suizid

Das Bundesamt für Statistik veröffentlicht auf der Homepage folgende Zahlen:

> *Suizid ist die Ursache bei 15 von 1000 Todesfällen. [...] Der assistierte Suizid ist ein anderes Phänomen. Meist schwerkranke Personen, die ihr Leben nicht mehr für lebenswert halten, been-*

*den es zu einem selbstgewählten Zeitpunkt. Assistierter Suizid findet sich bei knapp 18 von 1000 Todesfällen.* (BFS 2020)

Die beiden Todesarten, die behördlich als unterschiedliche Phänomene beschrieben werden, liegen jedoch nach einigen Beiträgen zur Studie gar nicht so weit auseinander. Wenn der Tod durch eigenen Entschluss als der letzte Ausweg aus einem zur Qual gewordenen Leben gesehen wird, kann der Leidensdruck so gross sein, dass die hohen Hürden für einen assistierten Suizid nicht mehr genommen werden können. Das aussagekräftigste Dokument in diesem Zusammenhang wurde per Mail zugeschickt, nachdem die Rekrutierung der Interviewpartner:innen bereits abgeschlossen war. Herr Reuter berichtete, dass seine Lebenspartnerin von ihrem Hausarzt die Diagnose einer rasch verlaufenden tödlichen Erkrankung mitgeteilt bekommen hatte, mit dem Vorschlag, sie unmittelbar ins Palliative-Care-Spital zu überweisen. Dort wollte sie auf keinen Fall hin und bat um Unterstützung für ein Schnellverfahren bei einer Sterbehilfeorganisation, der sie noch nicht angehörte:

*Es hiess von mehreren Sterbehilfeorganisationen, die Bürokratie werde wohl Monate dauern, so kann zum «Urteil» Sterben müssen noch die höchste Not, es via Selfmademethode als unwissender Laie, selbst tun zu müssen, dazukommen. [...] als ich Sonntag früh zu ihr kam (wir wohnen nicht in derselben Wohnung), zu sehen, wie das Kippfenster im Treppenhaus ausgehängt ist, wie ihr Mantel an der Innenseite der Wohnungstür liegt, der Stuhl an der Balkonbrüstung steht, zu erahnen, welche Qualen sie hier die Nacht, ja wohl eigentlich seit dem «Wettrennen gegen die Zeit» bereits durchstand, und alles nur, weil Menschen gegen Barmherzigkeit und Selbstbestimmung sind – was das mit mir macht, ist den Verursachern egal bzw. tun sie bewusst.* (Mail vom 05.06.2020)

Der Wettlauf gegen die Zeit und die Bürokratie kann, wie er schildert, eine schwerkranke Person nicht vor einem gewaltsamen Suizid bewahren und im geschilderten Fall auch dazu führen, dass die kurze verbleibende Zeit mit Aktionismus erfüllt wird, statt dass ein Abschiednehmen in Ruhe möglich wäre. Der Luzerner Psychotherapeut Josef Giger setzt sich vor dem Hintergrund solcher Erfahrungen entschieden für die Liberalisierung des Zugangs zu einem assistierten Suizid ein (Giger 2019).

Das Dilemma, dass für viele Sterbewillige der gewaltsame Suizid die schlechtere, leidvollere und oft gewaltsame Lösung ist, wenn ein assistierter Suizid aufgrund zeitaufwändiger Prozeduren nicht möglich ist, kommt auch in einigen Interviews zur Sprache. Frau Bieri sagte: «Ein brutaler Suizid dünkt mich unwürdig, aber es dünkt mich auch unwürdig einfach Jahr um Jahr weiterzuleben, wenn man schon jegliche Selbständigkeit verloren hat.» Sie berichtet von ihrer Erfahrung als Beistand:

> *Ich habe mit Angehörigen gearbeitet nachdem sich Leute umgebracht, zum Beispiel unter den Zug geworfen haben. Mich hat gedünkt, dass assistierter Suizid etwas ist, das absolut nötig ist, dass es geben muss, und das einfach eine gute Alternative zu einem Suizid ist, der vielleicht unter Umständen nur halb gelingt oder so brutal ist, dass die Angehörigen gar nicht damit fertig werden können.*

Frau Viller berichtete von einer Unterhaltung über den Sterbewillen ihres Mannes mit dem Locked-in-Syndrom:

> *Eine Kollegin von mir hat dann zum Beispiel gesagt: «Er kann ja mit dem Rollstuhl in den Rhein fahren.» Sie ist Krankenschwester und ich habe ihm das so gesagt. Er hat mir dann geantwortet: «Wenn man das schon machen muss, weil es nicht mehr anders geht, dann soll man wenigstens in Würde sterben dürfen.»*

Auch Frau Lindner sprach über die Belastung der Angehörigen bei einem selbstorganisierten Suizid:

> *Suizid ist nie einfach, ich weiss es selbst. Wir haben in der Familie auch schon Leute so verloren, und ich habe einen Partner gehabt, der so gegangen ist. Das ist nicht einfach, wenn man so etwas erleben muss, und ich habe deshalb gefunden, dass es nicht ganz richtig ist gegenüber meiner Tochter, oder auch gegenüber meiner Enkelin, die noch klein ist, wenn man von heute auf Morgen einfach nicht mehr da ist.*

Gerade auch darin ist ein assistierter Suizid gegenüber dem gewaltsamen Suizid die bessere Alternative, dass er nicht ohne Vorausplanung, Vorbereitungszeit und von den Sterbehilfeorganisationen in der Regel auch nicht ohne Einbezug der Verwandtschaft geplant wird.

Auch Frau Thomen vergleicht vor diesem Hintergrund zwei Erfahrungen, die sie in ihrer Familie und durch ihren Freundeskreis gemacht hat:

> *Ein Cousin von mir, der hat sich erhängt in seinem Stöckli drüben, oder in seinem Schopf drin, und seine Frau hat ihn gefunden. Das sind Kollateralschäden. Ich denke, wenn jemand mit einer Sterbehilfeorganisation geht, wie ich das zwei, drei Mal erlebt habe, nicht in meinem Verwandtenkreis, aber durch nahe Bekannte, die davon erzählt haben, dann ist es für sie auch schlimm, aber weniger. Bei der letzten, die ich miterlebt habe, haben sie zusammen alles vorbereitet. Die Mitarbeiter der Sterbehilfeorganisation sind gekommen und haben das Medikament gegeben, zuerst eines, dass es ihm nicht schlecht wird, dass er nicht erbrechen muss. Dann hat der Sohn – die ganze Familie ist dabei gewesen – gesagt: «Jetzt wäre es doch gut, wenn wir noch irgendetwas miteinander trinken könnten», weil der Vater immer gerne ein Schnäpschen oder einen Aperitif gehabt*

*hat. Seine Frau wusste nicht warum, aber sie hatten eine Flasche Champagner im Kühlschrank, und dann haben sie einfach in der letzten halben Stunde, die sie noch miteinander hatten, einen Champagner getrunken. Das ist dann auch eigentlich bei aller Schwere für die Frau, trotzdem ein schönes Erlebnis gewesen. Es war schwer, aber es ist eigentlich so gut, dass es das gibt.*

Frau Thomen sprach noch einen anderen Aspekt an, nämlich dass ein assistierter Suizid die einzige Form der Selbsttötung sein kann, wenn eine Person schon stark geschwächt und in ihrem Handlungsspielraum eingeschränkt ist: «Wenn ich Hilfe brauche, wenn es mir einmal schlecht geht, dann bin ich auch nicht mehr fähig, in einen Gletscherspalt zu gehen», meinte sie unter Anspielung auf die Welt des Hochgebirges, in der sie sich vielleicht ein selbstgewähltes Lebensende in der Natur hätte vorstellen können, ohne andere dadurch zu belasten.

# Ausblick – Sowohl als auch

Sorgen über ein mögliches Abdriften in eine kalte Erfolgsgesellschaft, in der diejenigen, die nicht mehr nützlich und nicht mehr selbständig sind, keinen Platz mehr haben könnten, sind ernst zu nehmen. Verletzliche mit zu versorgen ist eine kulturelle Errungenschaft, ein Ausdruck humaner Werte und ein Grundpfeiler empathischen Sozialverhaltens jenseits ökonomischer Erwägungen. Daher ist Wachsamkeit gegenüber einer Abwertung auf Unterstützung angewiesener Menschen wichtig. Schon Simone de Beauvoir hatte in ihren ethnologischen Studien gezeigt, dass es interkulturell und historisch Zeiten und Orte der Achtung des Alters ebenso gab wie Senizide. Letztere fanden, wie sie herausgefunden hatte, vor allem in Zeiten von Ressourcenknappheit und hoher Mobilität sozial erzwungen statt, wenn sie nicht durch pseudofreiwillige Suizide antizipiert wurden (de Beauvoir 1972, 40 ff.; vgl. auch Pousset 2018). Eine moderne Version einer oberflächlich freiwillig scheinenden, aber durch subtilen Druck erzwungenen Selbstaufgabe alter und kranker Mitglieder einer Gesellschaft befürchten viele. Es wäre besonders perfide, wenn Menschen unter dem Deckmantel der Selbstbestimmung so weit in Einsamkeit, Hoffnungslosigkeit und Armut getrieben würden, bis ihnen ein Suizid als geeignete Problemlösung erschiene.

Sowohl die diesem Buch zu Grunde liegende Studie als auch der beinahe zeitgleich im Rahmen einer umfangreichen Recherche von Isabell Rüdt aufgeschriebene Erfahrungsbericht des Konsiliararztes Christophe Huber (Huber & Rüdt 2021) haben jedoch aktuell keine Belege für einen solchen Verdacht gefunden. Das heisst nicht, dass er deshalb völlig unbegründet wäre – es wird sicher nötig sein, auch in der Zukunft zu monitoren, dass sich ein solcher Druck nicht aufbaut. Die derzeit vorhandenen Erkenntnisse legen jedoch nahe, dass die Planung eines assistierten Suizids kein Schritt auf eine schiefe Ebene ist, kein Dammbruch in Richtung einer Abwertung verletzlichen Lebens. Das ist er auch dann nicht, wenn er nicht im Zusammenhang einer letalen Erkrankung geschieht, sondern als Bilanzfreitod am Ende eines Lebens, das individuell nur noch als Last empfunden wird. Bisher gibt es keinen Anlass zu vermuten, dass es denjenigen, die ihr Leben beenden wollen, nicht nur um eine private Entscheidung geht, sondern um eine verallgemeinerbare Aussage zur Abwertung eines Lebens in Abhängigkeit. Zum Weiterleben, um kein schlechtes Vorbild zu sein, kann niemand gezwungen werden. Hohe Hürden für einen Zugang zu assistiertem Bilanzfreitod schlagen sich in anderen Formen der Selbsttötung nieder und sind deshalb auch im Rahmen der Suizidprävention kontraproduktiv.

Am Anfang des Buches steht ein Zitat aus «Entweder-Oder» von Kierkegaard zum Verweis darauf, dass Entscheidungen in ihrer Dialektik eine ethische Dimension aufweisen. Am Ende steht ein Plädoyer für ein Sowohl-als-auch. In Zukunft wird es auf der einen Seite nötig sein, angesichts einer alternden Bevölkerung Vorsorge zu treffen, damit Wohnen (Höpflinger 2004), soziale Eingebundenheit (Naegele et al. 2016), Mobilität (Heppner 2017) und auch ambulante Pflege auf hohem Niveau gewährleistet sind. Dafür gibt es bereits sehr gute Ansätze z. B. durch Caring Communities oder Demenzfreundlichkeit im öffentlichen Leben. Auf der anderen Seite müsste aber denen, die an einem Punkt der Wegstrecke nicht mehr weiter wollen, der gewünschte Ausgang erleichtert werden. Es geht dabei vor allem um die Frage des Bilanzsuizids und um den assistierten Suizid nach einer Demenz-Diagnose. Ob jemand das eigene Leben annimmt, bis auch die moderne Medizin und Pflege es nicht mehr weiter verlängern können, oder ob jemand für sich Kriterien bestimmt, wann es beendet wird, sollte nicht zu ideologischen Auseinandersetzungen führen. Solange es keine Anhaltspunkte dafür gibt, dass die bisher kleine Gruppe, die sich wünscht, einen leichteren Zugang zu einem Bilanzsuizid zu haben, daraus einen allgemeinen Standard ableiten möchte, ist eine Verweigerung dieses Wunsches paternalistisch.

Legislative und Exekutive zeigen sich bisher zurückhaltend gegenüber dem Thema Sterbehilfe. Aufgrund der Tatsache, dass die liberale Regelung in der Schweiz dazu führt, dass auch Menschen aus dem Ausland hier Sterbehilfe in Anspruch nehmen, gab es in den Jahren 2000 bis 2008 14 kontroverse parlamentarische Vorstösse. Die Schweizerische Volkspartei (SVP) wollte den «Sterbetourismus» beenden und den international tätigen Sterbehilfevereinen ihre Tätigkeit untersagen; die Evangelische Volkspartei (EVP) wollte die Suizidhilfe überhaupt verbieten; aus der Sozialdemokratischen Partei (SP) und der Freiheitlichen Partei (FDP) kamen Vorschläge, für mehr Rechtssicherheit zu sorgen. Der Bundesrat hatte infolgedessen das Eidgenössische Justiz- und Polizeidepartement beauftragt zu klären, ob im Bereich der organisierten Suizidhilfe spezifische neue Gesetzesregelungen erforderlich seien. Im Oktober 2009 schickte er zwei Varianten eines Gesetzesentwurfs in die Vernehmlassung, um die organisierte Suizidhilfe ausdrücklich zu regeln. Im September 2010 nahm er die Ergebnisse zur Kenntnis. Im Juni 2011 entschied er schliesslich, auf eine ausdrückliche Regelung der organisierten Suizidhilfe im Strafrecht zu verzichten und gab eine Absichtserklärung zur Förderung der Suizidprävention und Palliative Care heraus (BJ 2021).

Was die Judikative betrifft, ist derzeit der Fall der Hausärztin und Vorsitzenden des Vereins Lifecircle/Eternal Spirit, Erika Preisig, vor dem Bundesgericht anhängig. Es geht um die in allen Instanzen verhandelte Frage der Feststellung der Urteilsfähigkeit. Das Urteil wird von allen Seiten mit Spannung erwartet. Bisherige Urteile in Sachen assistierter Suizide hielten sich im Allgemeinen an den Text des Strafgesetzbuches und beanspruchten keine Zuständigkeit für die medizinethischen und generellen ethischen Fragen. Diese bleiben eine Aufgabe für die Zivilgesellschaft.

In Zukunft könnte eine Fokussierung auf sechs Kernpunkte sinnvoll sein:

### Vorurteilsfreie Kommunikation über das Sterben

Die erste Hürde, die ein Austausch über das Lebensende überwinden muss, ist Unsicherheit und Berührungsangst. Schon die Tatsache, dass man Sterben in der Alltagssprache bevorzugt mit sanften Metaphern wie «gehen» oder «für immer einschlafen» umschreibt, weist darauf hin, dass der Tod gerne hinter einem gnädigen Schleier verborgen wird. Besonders deutlich wird das auch in der Floskel, ein Soldat sei im Kampf «gefallen». Im Alltag ist die Verdrängung des Todes normal und für viele bleibt durch eine Zurückdrängung des Gedankens an den Tod der Spielraum des Lebens offener. Diejenigen aber, die einen Grund haben, über ihn sprechen zu wollen, sind belastet, wenn sie dafür keine Ansprechpartner:innen finden.

Bis vor kurzem fanden in Krankenhäusern groteske Szenen statt, wenn kurz vor dem Lebensende abermalige Eingriffe oder Therapien angeboten wurden, nur um nicht aussprechen zu müssen, dass ein Verzicht darauf besser gewesen wäre. Das hat sich inzwischen gebessert und über Therapieverzicht wird mit Betroffenen und Angehörigen gesprochen. Die Hospizbewegung, der Ansatz von Caring Communities und Compassionate Cities versuchen, das Lebensende in die Mitte der Gesellschaft zurückzuholen. Diese basisdemokratischen Initiativen, in denen ein grosses ehrenamtliches Engagement geleistet wird, verdienen Anerkennung und finanzielle Förderung. Hier liegt eine wichtige Schnittstelle, an der Zivilgesellschaft, Wissenschaft und Politik zusammenfinden können.

Assistierter Suizid macht die Kommunikation über das Lebensende noch eine Stufe schwerer. Oft bildet sich um die Sterbewilligen ein gewisses Vakuum und es kommt zu impliziter oder auch expliziter moralischer Verurteilung. Viele Institutionen wollen die Durchführung lieber nicht dulden oder gar unterstützen. Angehörige sehen sich doppelt belastet, dadurch, dass ein genauer Termin fürs Sterben festgelegt wird und manchmal zusätzlich dadurch, dass dieser Tod mit Scham und Schuld belegt sein kann, vor allem an Orten, die traditionell geprägt sind. Ein selbst herbeigeführtes Lebensende kann Assoziationen wecken, dass die verstorbene Person ihren Tod selbst gewollt und verschuldet hatte und die Empathie dämpfen, die Angehörige auf diese Weise Verstobener erfahren. Das bedeutet, dass die Trauer noch durch soziale Ausgeschlossenheit verstärkt werden kann.

Daher wäre es wichtig, dem in der Studie vielfach geäusserten Wunsch nach einer neuen Ars moriendi nachzukommen und einen Dialog über gutes Sterben unter Einschluss der Option eines assistierten Suizids zu fördern. Noch vor allen Detailproblemen geht es dabei um Grundfragen guten Lebens, die wiederum mit dem Verständnis vom Personsein zusammenhängen. Das sind Fragen nach Überzeugungen, Selbstbildern, Werten und Wünschen, die in einem Raum erörtert werden müssten, in dem Freiheit, Anerkennung, aber auch Wissen garantiert sind. Fortbildungsmöglichkeiten sowie Beratungs- und Begegnungsangebote müssten so ausgebaut werden, dass es an jeder Institution, die mit dem Lebensende zu tun hat, und in jeder Nachbarschaft niederschwellige und neutrale Ansprechstellen gibt.

Was die grossen Begriffe von Freiheit oder Würde betrifft, ist ideologische Zurückhaltung und verbale Vorsicht geboten. Es ist keine allgemeine Frage von Würde oder Selbstbestimmung, ein Leben zu verlängern, oder zu beenden. Es ist sogar ethisch fragwürdig, von Menschen, die diesen Wunsch nicht von sich aus haben, Vorausplanungen für ihr Lebensende zu verlangen. Für wen aber Kontrolle über das eigene Leben an das subjektive Würdeempfinden und an weitreichende Selbstbestimmung gebunden ist, ist die Möglichkeit wichtig, darüber offen kommunizieren zu können und die eigenen Wünsche umsetzen zu dürfen.

## Diskussion über die Rolle der Ärzte als Gatekeeper

Wer beim assistierten Tod hilft, bleibt unter den genannten Bedingungen straffrei, aber es gibt kein Recht auf Sterbebegleitung oder darauf, ein Rezept für NaP zu bekommen. Mediziner:innen ist über die Rezeptpflicht eine Macht zugefallen, die eine offene Diskussion erfordert. Viele haben ihren Beruf gewählt, weil sie kurieren möchten und ihr Berufsalltag besteht im Kampf gegen den Tod, was sie, obwohl sie mit ihm konfrontiert sind, nicht unbedingt kompetent macht, über ihn zu kommunizieren, oder eine Person zu begleiten, die ihn selbst herbeiführen möchte. Es wäre dringend nötig, das Lebensende, das kein ärztliches Versagen ist, stärker in die Aus- und Fortbildung zu integrieren inklusive dem Altersfreitod. Ähnlich wie bei Gewissensentscheiden bei Abtreibungen ist es ihr gutes Recht, sich jeder Handlung zu enthalten, die zur Beendigung eines potenziellen oder tatsächlichen menschlichen Lebens führt. Andererseits drängt der Mangel an Fachpersonen, die ein Rezept ausstellen dürfen und dazu bereit sind, Sterbewillige in die Rolle der Bittstellenden, die sie als entwürdigend empfinden. An dieser Stelle gibt es dringenden Diskussionsbedarf. Die Sterbehilfeorganisationen können auf Konsiliarärzte und -ärztinnen zurückgreifen, aber der Prozess kann länger dauern. Aus den Aussagen der Studie lassen sich Hinweise darauf entnehmen, dass mit einem sicheren und schnellen Zugang zu einer Möglichkeit, Sterbehilfe zu bekommen, einsame und gewaltsame Suizide verhindert werden könnten.

Es wäre zu überdenken, ob es grundsätzlich richtig ist, dass Ärzte und Ärztinnen allein diese Rolle übernehmen, oder ob dafür auch andere Fachpersonen in Frage kämen bzw. ob als einmalige Ausnahme eine Abgabe von NaP auf Antrag an eine Privatperson abgegeben werden könnte. In einer säkularen Gesellschaft gehört das Leben niemand anderem als der Person, d. h. sie darf jederzeit darauf verzichten. In der jetzigen Situation ist es allerdings so, dass die Entscheidung, wenn sie es auf die am wenigsten belastende Weise tun möchte, nicht nur bei ihr, sondern auch bei ihrem Arzt bzw. ihrer Ärztin liegt.

In diesem Zusammenhang wäre ausserdem ein Diskussionsprozess über die schwierige Frage hilfreich, inwiefern an einem klinisch definierten Begriff von Urteilsfähigkeit festgehalten werden muss. Derzeit sind die Kriterien für Urteilsfähigkeit so festgelegt, dass eine Person mit einer psychiatrischen Diagnose als nicht hinlänglich urteilsfähig gilt, um über ihr Lebensende entscheiden zu dürfen. Das heisst, eine Person, die ihrer Leiden überdrüssig und infolgedessen melancholisch gestimmt ist, wird nach Diagnose einer Altersdepression auf eine Stufe mit einer akut suizidgefährdeten Person gestellt und an selbstgefährdendem Verhalten gehindert, was, wenn es misslingt, zu gewaltsamen Suiziden führen kann. Eine grundsätzliche Gleichsetzung rational begründbarer Lebenssattheit und Lebensmüdigkeit im hohen Alter mit impulsiver Suizidalität ist nicht gerechtfertigt. Selbstverständlich ist sicher zu stellen, dass auch alte depressiv erkrankte Menschen Zugang zu Therapien haben und diese nicht vor dem Hintergrund der «Altersdepression» vorenthalten werden. Aber eine Person, deren Sterbewunsch gut durchdacht ist und kontinuierlich besteht, muss nicht vor sich selbst geschützt werden. Auch an dieser Stelle wäre zu überdenken, ob die Definitionsmacht und -kompetenz allein bei Vertreter:innen ärztlicher Heilberufe liegen sollte und ob eine Pathologisierung der Lebensmüdigkeit überhaupt gerechtfertigt ist.

### Aufklärung über und Investition in Palliative Care

Diejenigen, die assistierte Suizide ablehnen, weisen darauf hin, dass Palliative Care diese überflüssig mache. Sie gehen davon aus, dass man vor allem aus Angst vor Schmerzen den Tod wählen würde. Palliativmedizin kann in der Tat nicht nur Schmerzen, sondern auch Ängste effektiv behandeln. In einigen Interviews ist jedoch deutlich geworden, dass das für manche Personen keine akzeptable Alternative ist, weil ihnen eine Garantie der Freiheit von körperlichen und psychischen Leiden nicht ausreicht. Tiefes existenzielles Leiden am Erleben des psycho-physischen Verfalls lässt sich dadurch nicht beruhigen. Es lässt sich allenfalls um den Preis einer Bewusstseinstrübung ausblenden, weshalb sie der Palliative Care insgesamt skeptisch bis ablehnend gegenüberstehen. Sie fürchten, mit dem Versprechen der Schmerzfreiheit in die Maschinerie eines medizinischen Betriebs hineingezogen zu werden, der sie dann nicht mehr entrinnen können. Während eine Minderheit der Palliative Care aus dem genannten Grund misstraut, ist sie auf der anderen Seite einer grossen Mehrheit immer noch gar nicht ausreichend bekannt.

Zwar hat das Schweizer Bundesamt für Gesundheit zwischen 2010 und 2015 im Auftrag des Bundes eine «Nationale Strategie Palliative Care» umgesetzt und 2017 wurde die neue Plattform Palliative Care lanciert (BAG 2020), aber dennoch gibt es in diesem Bereich weiteren Aufklärungs-, Förderungs- und Wachstumsbedarf. Weder in Spitälern, die nach dem «Geschäftsmodell Gesundheit» (Maio 2014) funktionieren und einer Marktlogik unterworfen sind, noch in den akademischen Machtstrukturen lässt sich damit grosser Erfolg erzielen. Während für Anti-Aging-Forschung oder die Suche nach einem Medikament, das Demenz nicht nur um wenige Monate verlangsamen, sondern heilen kann, grosszügig Drittmittel in die medizinische, pharmakologische und biotechnologische Forschung fliessen, leidet die ganzheitliche Behandlung, Pflege und psychologische, soziale und spirituelle Unterstützung von Menschen am Lebensende immer noch unter einem eklatanten Mangel an Ressourcen und auch Anerkennung. Gegenüber dem Kampf gegen das Altern und Sterben führt die sanfte Verbesserung der Lebensqualität kranker und sterbender eher ein Nischendasein, obwohl Palliative Care für eine grosse Anzahl von Menschen unmittelbar wichtiger wäre. Eine Aufwertung der Palliativmedizin unter Einschluss der Option eines assistierten Suizids ist vor allem wegen der ärztlichen Gatekeeper-Funktion dringend nötig.

Prominente Palliativmediziner wie Gian Domenico Borasio (Universität Lausanne) oder Steffen Eychmüller (Inselspital Bern) sehen keinen Ausschluss eines Wunsches nach einem assistierten Suizid durch Palliativmedizin. Auch hier gibt es einen breiten Kommunikationsbedarf ohne das Vorurteil, dass es jeweils um unvereinbare Ziele ginge. Wer bis zum Lebensende bewusst bleiben möchte, kann im Fall einer Erkrankung bis zu einem bestimmten Stadium Palliative Care in Anspruch nehmen. Das kann aber durchaus einschliessen, immer wieder neu zu bewerten, ob die erreichte Lebensqualität mit dem Selbstbild im Einklang ist. Der «Notausgang» eines assistierten Suizids im Hintergrund muss dabei nicht ein Anreiz zu vorzeitigem Abbruch des Lebens sein, sondern kann zum Gefühl der Sicherheit beitragen, dass der eigene Wille unterstützt wird.

## Thematisierung der Akzeptanz von Pflege

Assistierte Suizide sind die Ausnahme und nicht die Regel. Die meisten Menschen nehmen es an, versorgt und gepflegt zu werden, wenn sie sich nicht mehr um sich selbst kümmern können. Diejenigen, die das für sich ab einem bestimmten Grad oder einer gewissen Dauer irreversibler Pflegebedürftigkeit jedoch ablehnen, verbinden das in der Regel nicht mit einer Abwertung der Institutionen, der pflegenden Fachkräfte oder schwer pflegebedürftiger Mitmenschen. Das bedeutet, dass es verständlich, aber nicht unbedingt zutreffend ist, wenn Institutionen und ihre Mitarbeitenden einen Sterbewunsch als implizite Kritik deuten. Viele würden sich wünschen, einen Sterbeort zu finden, an dem sie sich sicher und geborgen fühlen. Das kann, aber das muss nicht das eigene Zuhause sein. Manchmal werden, analog zu Geburtshäusern, Sterbehäuser ins Gespräch gebracht. Niemand möchte gerne in ein Industriegebiet gebracht werden und das Gefühl vermittelt bekommen, an den Rand der Gesellschaft verbannt zu werden, wo man nicht wohnen möchte. Wer in einem Heim oder einem Spital ist, möchte nicht mehr transportiert werden und wünscht sich eine weitere Öffnung von mehr Einrichtungen für die Möglichkeit, einen assistierten Suizid durchführen zu können. Das müsste möglich sein, ohne andere Bewohner:innen zu schockieren oder zu triggern und ohne dass Pflegende es als einen Affront oder eine Abwertung ihrer Arbeit erleben.

Eine polemische Debatte, in der Sterbehilfeorganisationen Skrupellosigkeit und Pflegeeinrichtungen Profitgier vorgeworfen wird, jeweils auf dem Rücken der Verletzlichen, ist nicht in deren Interesse. Zuzuhören, was sie sich wünschen und sie ermutigen und zu befähigen, sich zu artikulieren, würde besser garantieren, dass sie ein Lebensende gestalten können, das mit ihrer Persönlichkeit übereinstimmt.

In den Interviews kamen schliesslich neben dem individualistischen Argument der Selbstbestimmung auch überindividuelle, altruistische Werte wie Generationengerechtigkeit, globale Gerechtigkeit und Umweltschutz zur Sprache. Wer darauf verzichten möchte, Ressourcen in den Erhalt eines

Weiterlebens zu investieren, das als ein Sich-selbst-Überleben empfunden wird, findet in der utilitaristischen Ethik dafür eine Rechtfertigung. Diese Themen werden aller Voraussicht nach angesichts der Altersstruktur in der Gesellschaft, der umwelt- und sozialpolitischen Sozialisation der Kohorte, die bald ein hohes Alter erreichen wird, und des Klimawandels in der Zukunft zunehmende Relevanz bekommen. Daher wäre es wichtig, Hilfe als ein Stufenangebot zu konzipieren, das nicht automatisch zu immer mehr Pflegeintensität führt, sondern für diejenige, die es möchten, Ausstiegsmöglichkeiten offenhält.

### Das ethische Dilemma im Fall von Demenz

Die Tatsache, dass eine Person nach Diagnose einer Demenzerkrankung bei einem Sterbewunsch einen assistierten Suizid durchführen muss, solange sie noch urteilsfähig ist, führt dazu, dass die Urteilsfähigkeit regelmässig evaluiert werden muss, vor allem aber dazu, dass zu früh gestorben wird. Vielen ist das nicht klar. Sie denken und hoffen, dass sie das, ähnlich wie einen Therapieverzicht, im Falle einer Bewusstseinstrübung, z. B. nach einem Schlaganfall, durch eine Patient:innenverfügung an eine dritte Person delegieren könnten. Das wäre aber bei Demenz nicht passive Sterbehilfe durch Unterlassen, sondern aktive Sterbehilfe im Sinne eines Tötens auf Verlangen und damit in der Schweiz, in Deutschland und Österreich strafbar.

Das bedeutet, dass es hier zunächst einen gewissen Aufklärungsbedarf gibt.

Ähnlich wie beim Thema Pflege droht auch hier die Gefahr einer Polarisierung. Für die einen hat das Vermeiden einer Demenzerkrankung im Namen ihres Verständnisses von Würde und Selbstsein oberste Priorität. Auch spezialisierte Pflegeeinrichtungen wie Alzheimerwohngruppen oder Demenzdörfer, die eine hohe Lebensqualität bieten, können sie nicht davon überzeugen, weiterleben zu wollen. Andere betonen den Wert, den diese Lebensformen für eine inklusive und tolerante Gesellschaft hat, indem sie Inseln der Andersheit in einer auf Leistung, Perfektion und Erfolg fixierten Umwelt darstellen. Auch hier müsste es möglich sein, beiden Sichtweisen Raum zu lassen – dem Individualismus ebenso wie der Inklusion. Je besser eine Verständigung darüber gelingt, desto weniger Vorurteile und Ängste werden die in Zukunft stark zunehmenden Inzidenzen von Demenzerkrankungen begleiten.

## Demokratisierung der Ethik

Es gibt kein gutes rationales Argument dagegen, dass ein Individuum im Rahmen des gesetzlich Zulässigen über das eigene Leben und dessen Ende verfügen darf. Sozialethisch gesehen kann man einwenden, dass das Umfeld immer mit betroffen ist, aber es ist nicht zwingend, dass die ethische Dimension hauptsächlich durch Mediziner:innen vertreten wird. Wenn Ethik im Rahmen eines Machtgefälles verhandelt wird, verliert sie im Gegensatz von Autorität einerseits und Rückzug ins Private andererseits ihre verbindende Kraft. Dem könnte durch einen Prozess egalitärer Verständigung über Werte und den Umgang mit existenziellen Situationen wie dem Lebensende begegnet werden. Ethik lebt von einem gestalterischen Kommunikationsprozess, in dem Personen sich auf der Basis aller verfügbaren Erkenntnisse und des kategorischen Imperativs über das verständigen, was sie für wahr, gut und richtig halten. Gerade ein so existenzielles Thema wie das Lebensende, das ausnahmslos alle betrifft, ist eine gute Gelegenheit, aus der Bipolarität herauszufinden, wo auf der einen Seite diejenigen stehen, die meinen, Ethik sei nur noch eine Privatangelegenheit bzw. gänzlich überholt, und auf der anderen Seite diejenigen, die sie an institutionelle Positionen knüpfen.

# Fazit

Das Forschungsziel war, Prozesse der Entscheidungsfindung hinsichtlich des Lebensendes unter Einbezug der Option eines assistierten Suizids und die dahinterstehenden Werte zu untersuchen sowie eventuelle Anhaltspunkte dafür zu finden, ob Wünsche nach einer weiteren Liberalisierung des Zugangs zu einem assistierten Suizid mit einem wachsenden gesellschaftlichen Druck einhergehen könnten. Während der Interviews wurden Grundfragen wie die Auslegung von Selbstbestimmung, deren Rahmen, Freiheit, Würde und Selbstbestimmung sowie Detailfragen z. B. zur Selbständigkeit und Pflege angesprochen. Das gewonnene Material wurde danach untersucht, welche Gemeinsamkeiten, Besonderheiten, aber auch Unterschiede und Widersprüche ausgemacht werden konnten. Zu Tage getreten sind stark differenzierte und individuelle Einstellungen mit Überschneidungen, aber auch Dissonanzen. Der gesellschaftliche Hintergrund in Bezug auf Aspekte wie Selbständigkeit, Selbstbestimmung und Aktivität scheint an vielen Stellen durch, weshalb er im Folgenden nochmals zusammenfassend aufgegriffen wird. Anhaltspunkte, die eine moralische Legitimität grundsätzlich in Frage stellen würden, wurden nicht gefunden.

Ein historisch gewachsenes Wertesystem, das zentral auf Selbstbestimmung, Selbstverantwortung, Autonomie, Aktivität («sich nützlich machen») und ökonomischem Wohlstand, wie gesellschaftlicher Partizipation und Erfolg, beruht, begünstigt aller Wahrscheinlichkeit nach die Entscheidung, ein Leben zu beenden, in dem man nicht mehr aktiv sein kann, sondern z. B. einen irreversiblen Zustand des Leidens und/oder der Abhängigkeit passiv erdulden muss. Dieser Wertehorizont wurde von der Mehrheit der Interviewten allerdings positiv und affirmativ als eigener Standpunkt vertreten und nicht als fremdbestimmt erfahren. Ihre Rolle ist daher überwiegend die des Gestaltens und nicht des Erduldens. Darüber hinaus gaben 39 von 41 Interviewpartner:innen an, dass finanzielle Erwägungen oder sozialer Druck für ihre Entscheidung keine Rolle spielten.

Bei den beiden Ausnahmen handelt es sich um nicht hochaltrige Menschen mit gesundheitlichen Beeinträchtigungen, die den assistierten Suizid als die schlechtere Notlösung gegenüber einem weiteren Aushalten ihrer nicht nur gesundheitlich, sondern auch finanziell prekären Lage bevorzugen bzw. bevorzugten (in einem Fall ging es um den Bericht einer Witwe). Bei einer Verbesserung der Lebensqualität durch stärkere finanzielle und praktische Unterstützung durch die zuständigen Institutionen würden sie jedoch das Weiterleben wählen bzw. vielleicht gewählt haben. Diese Aussagen müssen einen sozialpolitischen Alarm auslösen. Sie sind ein Hilferuf an die zuständigen Institutionen, nach entsprechenden Lücken im Sozialsystem zu suchen und sie zu schliessen. Aber sie sind kein Argument gegen den assistierten Suizid. Die Betroffenen möchten bzw. wollten unter geschilderten Bedingungen nicht weiterleben, weil das für sie vor allem ein Weiterleiden bedeuten würde bzw. bedeutet hätte. Es gibt viele Belege dafür, dass Sterbewillige ihre Entscheidung sorgfältig abwägen und unabhängig treffen. Anders ist die Lage bei denen, die eigentlich nicht sterben wollen, aber ihr Leben aus Gründen materieller Not oder aus einem Impuls heraus beenden wollen. Der ersten Gruppe im Sinne einer allgemeinen Suizidprävention den Zugang zu einem assistierten Suizid zu erschweren oder zu verweigern, ist keine geeignete Strategie. Wie der Bericht von Frau Stifter über Selbsttötungen aus sozio-ökonomischen Gründen in ihrem Umfeld deutlich macht, könnte dadurch aller Wahrscheinlichkeit nach kein Suizid verhindert werden. Konkrete soziale und finanzielle Nöte müssten auf einer anderen Ebene und möglichst früh in den Fokus genommen werden.

Es wäre nicht kohärent, von einer Generation eine bedingungslose Annahme dessen, was das Schicksal bringt, was die Hochleistungsmedizin ermöglicht und was Langzeitpflege leisten kann, zu erwarten, die ihr ganzes Leben zuvor Verantwortung für sich selbst übernommen hat und, wie vielleicht keine zuvor, individuelle Entscheidungen treffen konnte. Wer den eigenen Ausbildungsweg, den Beruf, den Lebensmittelpunkt, Partnerschaft(en), Elternschaft usw. weitgehend unabhängig wählen konnte und auch musste und sich als aktives Mitglied der Zivilgesellschaft versteht, möchte auch am Lebensende maximale Entscheidungsfreiheit behalten.

Selbstbestimmung bringt, wie gezeigt, auch die Last der Selbstverantwortung mit sich. In kapitalistischen Wohlfahrtstaaten sind einzelne Menschen und ihre Familienverbände immer auch Wirtschaftseinheiten. Das bringt Belastungen und Erfolgsdruck mit sich, der auf vielen Ebenen auch zu einem Verhalten führen kann, das für die Gesellschaft nicht nur günstige Folgen hat. Rücksichtsloser Individualismus, Konkurrenzdenken bis hin zu antisozialem Verhalten, Burnout oder Belastungsdepressionen können daraus entstehen. Alle Unternehmungen, die zu einer Entlastung von übergrossem Druck auf die Einzelnen führen und die Lebensqualität verbessern, können im weitesten Sinn zur Suizidprävention in jedem Lebensalter beitragen. Wenn die katholische Glaubenskongregation in «Samaritanus bonus» eine wärmere, fürsorglichere Gesellschaft fordert, in der sich alle gehalten, aufgehoben und als wichtig erleben dürfen und niemand unter dem Diktat der Nützlichkeit und Wirtschaftlichkeit leiden muss, ist das eine gewiss universal teilbare Utopie. Ihre Realisierung dürfte allerdings nicht kategorisch vom Ende her verlangt werden, dadurch, dass Menschen gerade was ihren Tod betrifft, ihr Selbstbestimmungsrecht beschnitten wird.

Es gibt viele mögliche Gründe, weshalb es Staaten mit niedriger und mit hoher Suizidrate gibt (WHO 2016). Asiatische und westliche Staaten mit Kulturen hoher Arbeitsproduktivität platzieren sich im oberen Drittel. Es ist gut möglich, dass eine Minderung des Drucks auf die Einzelnen eine generelle Abnahme von Suiziden, Suizidgedanken und -wünschen mit sich brächte. Aber das müsste vom Anfang an gedacht werden, als Umbau in eine Gesellschaft, die in erster Linie auf Kooperation, Empathie und Inklusion beruht und weniger auf Konkurrenz, die Selektionsmechanismen abbaut und Spaltungen durch Privilegien reduziert. Eine solche solidarische, sorgende und warme Gesellschaft und eine Kultur der Gemeinschaft gegen Vereinsamung, könnte vielleicht für einige eine überzeugende Einladung zum Weiterleben sein, auch wenn sie gravierende Einbussen haben. Institutionen wie die Kirchen können dazu einen wesentlichen Beitrag leisten, auch wenn sie nicht alle erreichen werden, die grundsätzlich nur einen bestimmten Grad an Abhängigkeit und Verlusten hinzunehmen bereit sind und zu deren Verständnis von Selbstbestimmung, Würde und Lebensqualität wesentlich dazu gehört, ihr Leben sicher, schmerzlos und würdevoll begleitet beenden zu können, sobald ihnen ein Weiterleben dauerhaft eine Last ohne Hoffnung auf Besserung wäre.

Suizide sind nicht verboten, werden aber oft in einsamer Verzweiflung durchgeführt und können Angehörige und Dritte, wie Lokführer:innen, Notfallsanitäter:innen, oder diejenigen, die Betroffene finden und um sie trauern, traumatisieren. Die Möglichkeit, über Suizidwünsche sprechen zu können und bei irreversiblem Sterbewunsch einen assistierten Suizid durchführen zu dürfen, ist vielleicht das in einem pragmatischen Sinn stärkste Argument für eine liberale Auslegung.

Das dargestellte Panorama an Erfahrungen und Reflexionen führt zu dem Schluss, dass eine pluralistische Gesellschaft die Spannung zwischen dem Verzicht auf Weiterleben unter bestimmten Bedingungen auf der einen Seite und der Hinnahme des Schicksals auf der anderen Seite aushalten können muss. Weder machen es sich die einen zu leicht und versäumen eine wesentliche Auseinandersetzung mit ihrer Endlichkeit, noch verlieren die anderen ihre Würde. In der gesamten differenzierten Feinstruktur der Argumente zeigt sich, dass zu einem «passenden Leben» (Largo 2017) offensichtlich auch ein «passendes Sterben» gehört.

# Literaturverzeichnis

Améry, Jean. 1976. *Hand an sich legen: Diskurs über den Freitod*. Stuttgart: Klett-Cotta.

BAG (Bundesamt für Gesundheit). 2020. Palliative Care. Bericht. Bern: BAG, https://www.bag.admin.ch/bag/de/home/strategie-und-politik/nationale-gesundheitsstrategien/strategie-palliative-care.html (12.12.2021).

BAG (Bundesamt für Gesundheit) und palliative ch. 2018. Nationales Rahmenkonzept für die Schweiz. *Gesundheitliche Vorausplanung mit Schwerpunkt «Advance Care Planning»*. Bern: BAG, palliative ch, https://www.pallnetz.ch/cm_data/Rahmenkonzept_Gesundheitl_Vorausplanung_DE_1.pdf (24.10.2021).

Battaglia Denise. 2020. *Was mein Leben sinnvoll macht. Über persönliche Werte, Selbstbestimmung, Altern und Sterben*. Zürich: Ringier Axel Springer Schweiz.

Beauchamp, Tom L. & James F. Childress. 2019. *Principles of Biomedical Ethics*. Oxford: University Press.

Beauvoir, Simone de. 1970. *La Vieillesse,* Paris: Gallimard.

Beauvoir, Simone de. 1972. *Das Alter*. Ein Essay. Reinbek: Rowohlt.

Becker, Stefanie, Roman Kaspar & Andreas Kruse. 2011. *Heidelberger Instrument zur Erfassung der Lebensqualität demenzkranker Menschen* (H.I.L.DE.). Bern: Hogrefe.

Beratung Leben und Sterben. 2021. Das Sterben ist eine Zeit des Lebens mit Perspektiven. https://beratunglebenundsterben.ch (24.10.2021).

BFS (Bundesamt für Statistik). 2020. Todesursachenstatistik 2018. Häufigste Todesursachen bleiben im Jahr 2018 stabil – assistierter Suizid nimmt stark zu – Todesursachenstatistik 2018. Medienmitteilung. Neuenburg: BFS, https://www.bfs.admin.ch/bfs/de/home/statistiken/kataloge-datenbanken/medienmitteilungen.assetdetail.15084042.htmlBundesamt für Statistik (24.10.2021).

BJ (Bundesamt für Justiz). 2021. Abgeschlossene Rechtsetzungsprojekte. Die verschiedenen Formen der Sterbehilfe und ihre gesetzliche Regelung. Bern: BJ, https://www.bj.admin.ch/bj/de/home/gesellschaft/gesetzgebung/archiv/sterbehilfe/formen.html (24.10.2021).

Birkenstock, Eva. 2011. Die Herausforderung der Entscheidungsfreiheit. Lebensgeschichte als Leidensweg der Selbstverwirklichung bei Schopenhauer und Kierkegaard. In Niels Jørgen Cappelørn, Lore Hühn, Søren Fauth & Philipp Schwab (Hrsg.), *Schopenhauer – Kierkegaard. Von der Metaphysik des Willens zur Philosophie der Existenz* (S.183-210). Berlin: de Gruyter.

Birkenstock, Eva. 2021. Philosophie der Moderne. In: Michael Fuchs (Hrsg.), *Handbuch Alter und Altern. Anthropologie, Kultur, Ethik* (S. 126–134). Heidelberg: Metzler.

Birkenstock, Eva & Sergio Dellavalle. 2020. Legitimität im nationalen, supranationalen und internationalen Kontext. In Tobias Herbst, Sabrina Zucca-Soest (Hrsg.), *Legitimität des Staates (*S. 93–122). Baden-Baden: Nomos.

BJ (Bundesamt für Justiz). 2021. Abgeschlossene Rechtsetzungsprojekte. Parlamentarische Vorstösse. Bern: BJ, //www.bj.admin.ch/bj/de/home/gesellschaft/gesetzgebung/archiv/sterbehilfe/vorstoesse.html (26.04.2021).

Bleisch, Barbara. 2018. *Warum wir unseren Eltern nichts schulden*. München: Hanser.

Böhning, André (Hrsg.). 2021. *Assistierter Suizid für psychisch Erkrankte, Herausforderung für die Psychiatrie und Psychotherapie*. Bern: Hogrefe.

Borasio, Gian Domenico, Ralf J. Jox, Jochen Taupitz & Urban Wiesing. 2017. *Assistierter Suizid: Der Stand der Wissenschaft*. Berlin: Springer.

Bloch, Ernst. 1982. *Das Prinzip Hoffnung*. Frankfurt am Main: Suhrkamp, Bd. 3.

Bloor, Michael & Fiona Wood. 2006. *Keywords in Qualitative Methods*. London, Thousand Oaks, New Dehli: Sage.

Callahan, Daniel. 1995. *Setting Limits. Medical Goals in an Aging Society*. Washington: Georgetown University Press.

Cicero. 1998. *Cato maior de senectute, Cato der Ältere über das Alter*, (lat./dt.) Stuttgart: Reclam.

Dellavalle, Sergio. 2013. From Imago Dei to Mutual Recognition: The Evolution of the Concept of Human Dignity in the Light of the Defence of Religious Freedom. In Christopher McCrudden (Ed.), *Understanding Human Dignity* (S. 435–449). Oxford: University Press.

Descombes, Vincent. 2013. *Die Rätsel der Identität*. Berlin: Suhrkamp.
Dialog Ethik. 2020. Projekt Schweizer Eid. Zürich: Dialog Ethik, https://www.dialog-ethik.ch/projekte/schweizer-eid (24.10.2021).
Döring, Nicola & Jürgen Bortz. 2016. *Forschungsmethoden und Evaluation in den Sozial- und Humanwissenschaften*. Berlin, Heidelberg: Springer.
Dworkin, Ronald. 1995. *Life's Dominion. An Argument about Abortion and Euthanasia*. London: Harper Collins.
Epikur. 220. Brief an Menoikeus, 125, überliefert in der Epikur-Biographie im 10. Buch der ca. 220 n. Chr. entstandenen antiken Philosophiegeschichte *Leben und Lehren berühmter Philosophen* von Diogenes Laertios, verschiedene Ausgaben.
EUDAT. 2021. Die Transkripte der 33 Interviews, für die das Einverständnis gegeben wurde, wurden zusammen mit den Metadaten, am 9.4.2021 auf der EUDAT-Plattform zur Verfügung gestellt (DOI: XXXX/b2share.c4678ec674fc48f2b609949dfbe08486).
Exit. o. J. Verein. *Geschichte – Deutsche Schweiz*. Zürich: Exit, https://exit.ch/verein/der-verein/geschichte/ (24.10.2021).
Exit Info 2020. Info 1.20. Mitglieder Magazin. Zürich: Exit https://exit.ch/fileadmin/user_upload/download/mitglieder-magazin/exit-info_20-01_web.pdf (29.03.2021).
Frank, Manfred. 2002. *Selbstgefühl: eine historisch-systematische Erkundung*. Frankfurt am Main: Suhrkamp.
Frankl, Viktor E. 1985. *Der Mensch vor der Frage nach dem Sinn*. München: Piper.
Frankl, Viktor E. 1987. *Ärztliche Seelsorge. Grundlagen der Logotherapie und Existenzanalyse*. Frankfurt am Main: Fischer.
Freud, Sigmund. 1974. Zeitgemässes über Krieg und Tod (1915). In *Kulturtheoretische Schriften* (S. 33–60). Frankfurt am Main: Fischer.
Fuchs, Michael. 2001. *Ethikräte im internationalen Vergleich*, Sankt Augustin, Arbeitspapier/Dokumentation der Konrad-Adenauer-Stiftung e. V., 12/2001, März 2001.
Gamondi, Claudia. 2011. Death by request in Switzerland: Posttraumatic stress disorder and complicated grief after witnessing assisted suicide. *European Psychiatry* 27(7): 542–546.
Gamondi, Claudia. 2020. Der assistierte Suizid. *Palliative ch. Zeitschrift der Schweiz. Gesellschaft für Palliative Medizin, Pflege und Begleitung* 2020(3): 6–9.

Giger, Josef. 23.4.2019. Der Suizid ist ein Riesenschritt. *Neue Zürcher Zeitung NZZ.*

Goethe, Johann Wolfgang v. 1784. Die Natur (Fragment). In Trunz, Erich (Hrsg.). 1982. *Goethes Werke* (S. 45–47*)*. Hamburger Ausgabe. München: Beck, Bd. 13.

Graf, Iris, Peter Stettler, Kilian Künzi, Anja Gafner, Désirée Waibel & Markus Flück. 2014. *Entscheidungen am Lebensende in der Schweiz.* Sozial-empirische Studie nach Konzept und im Auftrag von: Regina Aebi-Müller, Bianka Dörr, Andreas U. Gerber, Daniel Hürlimann, Regina Kiener, Bernhard Rütsche, Catherine Waldenmeyer, Bern.

Gross, Peter. 2007. *Glücksfall Alter.* Freiburg, Basel, Wien: Herder.

Habermas, Jürgen. 2009. *Diskursethik,* Frankfurt am Main: Suhrkamp.

Heidegger, Martin. 1986. *Sein und Zeit.* Tübingen: Niemeyer.

Heppner, Hans Jürgen & Jürgen M. Bauer. 2017. Mobilität im Altern fördern – (nahezu) immer und überall. *Zeitschrift für Gerontologie und Geriatrie* 50(6): 473–74.

Hillmann, James. 2000. *The Force of Character and the Lasting Life.* New York: Ballantine.

Höpflinger, François. 2004. *Traditionelles und neues Wohnen im Alter.* Age Report, Bd. 4. Zürich: Seismo Verlag.

Huber, Christophe & Rüdt, Isabell. 2021. *Sterben müssen – sterben dürfen? Freitodbegleitung und die Rolle des Arztes.* Bern: Stämpfli.

Imhof, Arthur E. 1981. *Die gewonnenen Jahre: von der Zunahme unserer Lebensspanne seit dreihundert Jahren oder von der Notwendigkeit einer neuen Einstellung zu Leben und Sterben.* München: Beck.

Ibsen, Henrik. 1998. *Peer Gynt.* Stuttgart: Reclam.

Jens, Walter & Hans Küng. 2011. *Menschwürdig sterben: ein Plädoyer für Selbstverantwortung* – mit einem Text von Inge Jens. München: Piper.

Kamlah, Walter. 1976. *Meditatio Mortis.* Stuttgart: Klett.

Kant, Immanuel. 1900 ff. Eine Vorlesung über Ethik (VE). In *Gesammelte Schriften.* Berlin: Reimer.

Kant, Immanuel. 1900 ff. Grundlegung zur Metaphysik der Sitten (GMS). In *Gesammelte Schriften.* Berlin: Reimer.

Kierkegaard, Søren. 1922. *Entweder – Oder.* Gesammelte Werke, Jena: Diederichs, 1. Abt.

Kolbert, Elizabeth & Ulrike Bischoff. 2015. *Das sechste Sterben: wie der Mensch Naturgeschichte schreibt.* Berlin: Suhrkamp.

Kongregation für die Glaubenslehre. 2020. Samaritanus bonus. Schreiben über die Sorge an Personen in kritischen Phasen und in der Endphase des Lebens. Vatikan: Kongregation für die Glaubenslehre: https://www.vatican.va/roman_curia/congregations/cfaith/documents/rc_con_cfaith_doc_20200714_samaritanus-bonus_ge.html (24.10.2021).

Kuhn, Ursina. 10.02.2020. Der Mythos der armen Alten. *Republik*, https://www.republik.ch/2020/02/10/ungleichheit-und-alter (12.01.2021).

Künemund, Harald. 2002. Die «Sandwich-Generation» – typische Belastungskonstellation oder nur gelegentliche Kumulation von Erwerbstätigkeit, Pflege und Kinderbetreuung? *Zeitschrift für Soziologie der Erziehung und Sozialisation* 22(4): 344–361.

Küng, Hans. 2014. *Glücklich Sterben?* München: Piper.

Lamers, Carolien P. T. & Rebecca R. Williams. 2015. Older People's Discourses About Euthanasia and Assisted Suicide: A Foucauldian Exploration. *The Gerontologist*, gnv102. http://doi.org/10.1093/geront/gnv102 (24.10.2021).

Largo, Remo. H. 2017. *Das passende Leben. Was unsere Individualität ausmacht und wie wir sie leben können.* Frankfurt am Main: Fischer.

Löwith, Karl. 1966. Die Freiheit zum Tode. In *Vorträge und Abhandlungen* (S. 274–289). Stuttgart: Kohlhammer.

Maio, Giovanni. 2014. *Geschäftsmodell Gesundheit: wie der Markt die Heilkunst abschafft.* Berlin: Suhrkamp.

Marg, Walter. 1964. *Griechische Lyrik.* Stuttgart: Reclam.

Mayring, Philipp. 2000. Qualitative Inhaltsanalyse. In *Forum Qualitative Sozialforschung* 2(1), https://www.qualitative-research.net/index.php/fqs/article/view/1089/2384 (22.03.2022).

McCrudden, Christopher (Ed.). 2013. *Understanding Human Dignity.* Oxford: University Press.

Meyer, Adrian. 2019. Die Kirche begrüsst nicht plötzlich den assistierten Suizid. *ref.ch,* https://www.ref.ch/news/die-kirche-begruesst-nicht-ploetzlich-den-assistierten-suizid/ (24.10.2021).

Meyermann, Alexia, Maike Porzelt. 2014. Hinweise zur Anonymisierung von qualitativen Daten. *forschungsdaten bildung informiert 1,* https://www.forschungsdaten-bildung.de/files/fdb-informiert-nr-1.pdf (22.03.2022).

Michel, Claudia, Sibylle J. Felber, Barbara Affolter, Marie-Hélène Greuing & Steffen Eychmüller. 2021. Compassionate Cities: Stärkung der sozialen Ressourcen in den Gemeinden für ein gemeinsam getragenes Lebensende. *Praxis* 110 (10): 866–871.

Naegele, Gerhard, Elke Olbermann & Andrea Kuhlmann (Hrsg.). 2016. *Teilhabe im Alter gestalten: Aktuelle Themen der Sozialen Gerontologie.* Wiesbaden: Springer VS.

Nationales Forschungsprogramm NFP 67 Lebensende. 2017. Synthesebericht. Bern: Schweizerischer Nationalfonds, http://www.nfp67.ch/SiteCollectionDocuments/nfp67-synthesebericht-de.pdf (24.10.2021).

Pachur, Thorsten, Rui Mata, & Lael J. Schooler. 2009. Cognitive aging and the use of recognition in decision making. *Psychology and Aging* 24: S. 901–915.

palliative zh+sh. 2019. Letzte-Hilfe-Kurse boomen. Newsmeldung Region. Zürich: palliative zh+sh, https://www.pallnetz.ch/letzte-hilfe-kurse-boomen.htm (24.10.2021).

Paracelsus. 1965. Die dritte Defension wegen des Schreibens der neuen Rezepte. In *Septem Defensiones 1538.* Werke, Darmstadt Wissenschaftliche Buchgesellschaft, Bd. 2.

Pauen, Michael. 2004. *Illusion Freiheit? Mögliche und unmögliche Konsequenzen der Hirnforschung.* Frankfurt am Main: Fischer.

Platon. 1958. Phaidon. In *Sämtliche Werke in der Übersetzung von F. Schleiermacher*, Stephanus-Nummerierung, Hamburg: Rowohlt, Bd. 3.

Pousset, Raimund. 2018. Senizid und Altentötung – Ein überfälliger Diskurs. Heidelberg: Springer.

Pro Senectute Schweiz. Patientenverfügung. Ratgeber Vorsorge. Zürich: Pro Senectute Schweiz, https://www.prosenectute.ch/de/ratgeber/persönliche-vorsorge/patientenverfuegung.html (24.10.2021)

Ravven, Heidi M. 2013. *The Self beyond Itself: An Alternative History of Ethics, the New Brain Sciences, and the Myth of Free Will.* New York, NY: The New Press.

Rohner, Shauna, Florence Bernays, Andreas Maercker, & Myriam V. Thoma. (2021). Salutary mechanisms in the relationship between stress and health: The mediating and moderating roles of Sense of Coherence – Revised. *Stress & Health*: 1–14, https://doi.org/10.1002/smi.3093 (23.03.2022).

Rosa, Hartmut. 2005. *Beschleunigung. Die Veränderung der Zeitstrukturen in der Moderne*. Frankfurt am Main: Suhrkamp.

Roth, Gerhard. 2004. Das Problem der Willensfreiheit. Die empirischen Befunde. *Information Philosophie* (5): 14–21.

Rüegger, Heinz. 2020. Das Ende selbstbestimmt planen? *Palliative Geriatrie* (1): S. 22–24.

SAMW (Schweizerische Akademie der Medizinischen Wissenschaften). 2018. Umgang mit Sterben und Tod, Bern.

SAMW (Schweizerische Akademie der Medizinischen Wissenschaften). 2020. *Autonomie und Glück. Selbstbestimmung in der Medizin: Rezept für ein glückliches Leben?* Bericht zur Tagung vom 28. Juni 2019 des Veranstaltungszyklus *Autonomie in der Medizin*. Swiss Academies Communications 15 (3). Bern.

Sartre, Jean-Paul. 1993. *Das Sein und das Nichts, Versuch einer phänomenologischen Ontologie*. Reinbek bei Hamburg: Rowohlt.

Schaber, Peter. 2017. Selbstbestimmter Wille und das Recht auf assistierten Suizid. *Ethik Med* 29(2): 97–107.

Schachtschabel, Otto. 2004. Humanbiologie des Alterns. In Andreas Kruse & Mike Martin (Hrsg.), *Enzyklopädie der Gerontologie* (S. 167–181). Bern, Göttingen, Toronto, Seattle: Huber.

Schiller, Friedrich. 1962. *Sämtliche Werke*. München: Hanser, Bd 3.

Schopenhauer, Arthur. 1862. *Parerga und Paralipomena: kleine philosophische Schriften*. Berlin: Hahn.

Schopenhauer, Arthur. 1978. *Preisschrift über die Freiheit des Willens*. Hamburg: Meiner.

Schuchter, Patrick, Andreas Heller & Hermann Brandenburg. 2020. Sterben zwischen Planungszwang und sozialer Mitsorge. In Die letzte Zeit, *alzheimerpunktch* https://alzheimer.ch/magazin/alltag/schwierige-situationen/sterben-zwischen-planungszwang-und-sozialer-mitsorge/?hilite=Andreas+Heller (14.2.2020).

Schweizerisches Gesundheitsobservatorium (Obsan). 2019. Suizidgedanken und Suizidversuche in der Schweizer Bevölkerung. In OBSAN BULLETIN 2019(7).

Schweizerisches Rotes Kreuz. 2019. Caring Communities. Ihre Bedeutung für das SRK im Inland. Wabern.

Searle, John R. 2007. *Sprechakte: ein sprachphilosophischer Essay*. Frankfurt am Main: Suhrkamp.

Seneca. 1987. *Trostschrift an Marcia*. Neu-Isenburg: Edition Tiessen.

Singer, Wolf. 2003. *Ein neues Menschenbild? Gespräche über Hirnforschung*. Frankfurt am Main: Suhrkamp.

Stadt Bern. n. d. Das Lebensende gemeinsam tragen. https://www.bern.ch/themen/gesundheit-alter-und-soziales/lebensende (24.10.2021).

Strauss, Anselm, Juliet Corbin. 1999. *Grounded Theory: Grundlagen qualitativer Sozialforschung*. Weinheim: Beltz/ Psychologie Verlagsunion.

Strübing, Jörg. 2014. *Grounded Theory. Zur sozialtheoretischen und epistemologischen Fundierung eines pragmatistischen Forschungsstils*. Wiesbaden: Springer VS.

Theunissen, Michael. 1991. *Negative Theologie der Zeit*. Frankfurt am Main: Suhrkamp.

Tugendhat, Ernst. 1984. *Probleme der Ethik*. Reclam: Stuttgart.

Tugendhat, Ernst. 2003. *Egozentriztät und Mystik. Eine anthropologische Studie*. München: Beck.

United Nations (UN). CCPR/C/75/D/854/1999, 15 July 2002. http://www.worldcourts.com/hrc/eng/decisions/2002.07.15_Wackenheim_v_France.htm (24.10.2021).

Universität Bern. 2017. *Untersuchung zur Dunkelziffer nicht natürlicher Todesfälle*. Medienmitteilung. Bern: Universität Bern, https://www.unibe.ch/aktuell/medien/media_relations/medienmitteilungen/2017/medienmitteilungen_2017/untersuchung_zur_dunkelziffer_nicht_natuerlicher_todesfaelle_im_kanton_bern/index_ger.html (24.10.2021).

Vaihinger, Hans. 1986. *Die Philosophie des Als ob*: System der theoretischen, praktischen und religiösen Fiktionen der Menschheit auf Grund eines idealistischen Positivismus. Aalen: Scientia.

Vargas Llosa, Mario. 1991. *Lob der Stiefmutter*. Frankfurt am Main: Suhrkamp.

Waal, Frans de. 1996. *Good Natured. The Origins of Right and Wrong in Humans and Other Animals*. Cambridge/Mass., London: Harvard University Press.

Weisse, Christian H. 1860. *Philosophische Dogmatik, oder Philosophie des Christenthums,* Band 2, Leipzig: Hirzel.

WHO (World Health Organization). 2012. Measuring Quality of Life (WHOQOF). Tools. Genf: WHO, https://www.who.int/tools/whoqol (24.10.2021).

WHO (World Health Organization). 2016. Crude suicides rates. https://apps.who.int/gho/data/node.sdg.3-4-viz-2?lang=en (24.10.2021).

Wilson, Edward O. 2016. *Half-earth: our planet's fight for life.* New York; London: Liveright Publishing Corporation.

Zaslawski, Valerie. 30.08.2019. Warum habt ihr mich gezeugt? – Ein Antinatalist macht seinen Eltern den Prozess. *Neue Zürcher Zeitung NZZ.*

Ziegler, Walther. 2001. Massenmedien und Suizid: Praktische Konsequenzen aus dem Werther-Effekt. *Communicatio Socialis* 34(1): 9–29.

Zimmermann, Markus, Stefan Felder, Ursula Streckeisen & Brigitte Tag 2019. *Das Lebensende in der Schweiz: Individuelle und gesellschaftliche Perspektiven.* Basel: Schwabe.

# Abkürzungen

| | |
|---|---|
| BAG | Bundesamt für Gesundheit |
| BFS | Bundesamt für Statistik |
| BJ | Bundesamt für Justiz |
| FMH | Foederatio Medicorum Helveticorum (Verbindung der Schweizer Ärztinnen und Ärzte) |
| NaP | Natrium-Pentobarbital |
| SAMW | Schweizerische Akademie der Medizinischen Wissenschaften |
| WHO | World Health Organisation (Weltgesundheitsorganisation) |
| ZGB | Schweizerisches Zivilgesetzbuch |

# Interviewdaten

| Pseudonym | Datum | Mail vom | Alter | Kanton, Land |
|---|---|---|---|---|
| Herr Alber | 11.05.2020 | | 86 | BE |
| Herr Baraldi | 22.06.2020 | | 67 | LU |
| Herr Bärgi | 08.06.2020 | | 78 | SO |
| Frau Bieri | 29.06.2020 | | 69 | FR |
| Frau Blies | 01.07.2020 | | 55 | BE |
| Herr Christopherus | 30.06.2020 | | 75 | ZH |
| Herr Dach | 08.07.2020 | | 43 | AG |
| Frau Dörfler | 19.05.2020 | | 83 | BE |
| Herr Freudenberg | 10.06.2020 | | 73 | SZ |
| Frau Fuchs | 06.07.2020 | | 57 | AG |
| Frau Gabe | 09.07.2020 | | 78 | BE |
| Herr Geiger | 23.06.2020 | | 81 | BE |
| Frau Grünwald | 05.05.2020 | | 80 | VD |
| Frau Herzog | 22.04.2020 | | 63 | BE |
| Frau Insel | 29.04.2020 | | 78 | BE |
| Herr König | 22.04.2020 | | 65 | BE |
| Frau Kraal | | 05.06.2020 | | |
| Frau Künstler | 15.06.2020 | | 61 | ZG |
| Herr Laurent | 10.06.2020 | | 60 | ZH |
| Herr Ledermann | 17.05.2020 | | 56 | ZH |
| Herr Lieblich | 19.06.2020 | | 62 | BL |
| Frau Lindner | 02.06.2020 | | 51 | unbekannt |
| Frau Losano | 10.08.2020 | | 53 | BE |
| Herr Lüttich | | 04.06.2020 | | |
| Herr Matthies | 12.06.2020 | | 61 | ZH |
| Herr Mundinger | 13.07.2020 | | 72 | SO |
| Frau Pascal | 04.05.2020 | | 76 | F/CH |
| Herr Petri | 06.05.2020 | | 60 | GR |
| Herr Reiser | 16.06.2020 | | 55 | SZ |
| Herr Reuter | | 05.06.2020 | | |
| Herr Rudolf | 03.07.2020 | | 80 | SO |
| Frau Salzmann | 29.04.2020 | | 54 | BE |
| Herr Schönfeld | 17.06.2020 | | 64 | ZH |

*Fortsetzung Interviewdaten auf der folgenden Seite.*

*Fortsetzung Interviewdaten.*

| Pseudonym | Datum | Mail vom | Alter | Kanton, Land |
|---|---|---|---|---|
| Herr Schwager | 13.05.2020 | | 92 | BL |
| Herr Schwarz | 11.06.2020 | | 77 | TI |
| Frau Stifter | 15.07.2020 | | 61 | LU |
| Frau Thomen | 11.06.2020 | | 72 | SO |
| Frau und Herr Nägeli | 17.06.2020 | | 75/76 | ZH |
| Frau Viller | 11.06.2020 | | 52 | BL |
| Herr Wagner | 10.06.2020 | | 57 | SG |
| Herr Wettinger | 07.05.2020 | | 46 | SZ |
| Frau Wiesengrund | 15.04.2020 | | 58 | BE |
| Frau Zimmermann | 01.07.2020 | | 49 | ZH |

# Glossar

| | |
|---|---|
| Altersfreitod | Bilanzsuizid verbunden mit hohem Alter, in dem sich gesundheitliche Einbussen (Multimorbidität) häufen; rational erwogener Suizid; nicht jeder Suizid im Alter ist ein Altersfreitod, da es auch im Alter zu Suiziden infolge heilbarer Depression kommen kann. |
| Amyotrophe Lateralsklerose (ALS) | Erkrankung des zentralen und peripheren Nervensystems, die zu Muskelschwäche und Muskelschwund bis hin zu Lähmungen führt. |
| Antinatalismus | Wörtlich «Antigeburtlichkeit», eine Bewegung, die empfiehlt, auf Fortpflanzung zu verzichten, weil Leben mehr Leid als Glück brächte, und gar nicht erst zu leben, Leid ersparen würde. |
| Ars Moriendi | Die spätmittelalterliche «Kunst des Sterbens» betraf ausschliesslich die Glaubensfestigkeit: gut zu sterben hiess, den irdischen Tod in der Hoffnung auf das ewige Leben anzunehmen; eine säkularisierte Ars Moriendi zielt darauf, über Tod und Sterben wieder kommunizieren zu lernen und das Lebensende so zu gestalten, wie es einer Person entspricht. |
| Assistierter Suizid | Selbsttötung mit professioneller (ärztlicher) Unterstützung in einem geschützten Rahmen. |
| Aussergewöhnlicher Tod | Jeder Leichnam muss, auch bei einem gewöhnlichen Tod, erst durch eine ärztliche Begutachtung zur Beerdigung freigegeben werden, um Gewaltverbrechen ausschliessen zu können (Totenschein); ein assistierter Suizid gilt immer als ein aussergewöhnlicher Tod und wird ausserdem noch durch die |

| | |
|---|---|
| | Ordnungsbehörden (Polizei, Staatsanwaltschaft) überprüft. |
| Bader | Im Mittelalter bis in die frühe Neuzeit Heiler des grössten Teils der Bevölkerung, der keinen Zugang zu den wenigen studierten Ärzten hatte. Über Haarschneiden und Rasieren hinaus führten sie Praktiken durch wie Aderlassen, Schröpfen, Klistieren, Wundpflege, Salben- und Pflasterherstellung. Auch Eingriffe wie Zahnziehen, Richten von Knochenbrüchen und Verrenkungen sowie kleinere Operationen wie Amputationen z. B. von stark verletzten und entzündeten Fingergliedern gehörten zu ihren Aufgaben. |
| Bilanzfreitod/-suizid | Geschieht wie der Altersfreitod nicht aus einem spontanen Impuls heraus, sondern nach rationaler Überlegung über die Zukunft der eigenen Lebensqualität; da er auch ohne Bezug auf mit höherem Alter verbundene chronische Leiden und Polymorbidität verwendet wird, ist dieser Begriff allgemeiner. |
| Code | Oberbegriff, unter dem unterschiedliche Aussagen desselben Inhalts gesammelt werden. |
| Compassionate Cities oder Caring Communities | Eine von der irisch-britischen Wissenschaftlerin Karen Armstrong gegründete Initiative im Sinne einer modernen Nachbarschaftshilfe: Städte und Gemeinden bilden eine offene und solidarische Gemeinschaft nach dem Prinzip der Reziprozität oder der goldenen Regel: Für andere wird getan, was man sich für sich selbst wünschen würde. Man kümmert sich um einander und sorgt für einander. |

| | |
|---|---|
| Dammbruch-Argument | Bild aus der Moralphilosophie: ethische Prinzipien bilden einen Damm, der vor Überflutung durch unethisches Verhalten schützt; eine bestimmte als unmoralisch betrachtete Handlung kann dazu führen, dass dieser Damm bricht; alternativ gibt es das Bild von der schiefen Ebene: ein Schritt auf einen moralischen Abhang führt zu unaufhaltsamem Abrutschen. |
| Demenz, Alzheimer | Demenz, vom lateinischen «dementia» (ohne Geist) ist der Oberbegriff für Erkrankungen, die wesentliche Gehirnfunktionen wie das Gedächtnis und kognitive wie auch emotionale und soziale Fähigkeiten beeinträchtigen; die bekannteste Form, die auch als Synonym benutzt wird, ist das nach seinem Entdecker benannte Alzheimer-Syndrom; es gibt sekundäre demenzähnliche Phänome als Folge anderer Erkrankungen, die reversibel sind; eine mit einer ausgeprägten Degeneration des Gehirns einhergehende Erkrankung ist nicht heilbar. |
| Deontologie | Ethische Lehre über Pflichten und die moralischen Qualitäten von Handlungen. |
| Ethik, Moral | Lehre und Beschreibung guten Handelns; Gegenstand verschiedener Disziplinen; es gibt keinen allgemein verbindlichen Kodex. |
| Ethik, utilitaristische | Ziel ist, das grösstmögliche Glück für die grösstmögliche Anzahl zu verwirklichen (muss nicht auf Menschen beschränkt sein, sondern lässt sich auf alle Lebewesen erweitern). |

| | |
|---|---|
| Gatekeeper | Wörtlich Türsteher:in, Torwächter:in. Person, die Macht hat, den Zugang zu etwas zu ermöglichen oder zu verweigern. |
| Kategorischer Imperativ | Beruht aus dem ethischen Prinzip der Reziprozität bzw. der goldenen Regel: Handlungen haben Wirkungen und Gegenwirkungen, die vorab bedacht werden müssen; Formulierung nach Immanuel Kant: «Handle nur nach derjenigen Maxime, durch die du zugleich wollen kannst, dass sie ein allgemeines Gesetz werde.» |
| Konsiliararzt/ Konsiliarärztin | Von lateinisch «Consilium», Beratung, Rat. Im Zusammenhang mit einem assistierten Suizid können Sterbehilfevereine einen Konsiliararzt bzw. eine Konsiliarärztin hinzuziehen, der oder die das Rezept für das Sterbemittel verschreiben kann, nachdem er oder sie sich von der Urteilsfähigkeit der sterbewilligen Person überzeugt hat. Dies geschieht vor allem dann, wenn der Hausarzt oder die Hausärztin diese Aufgabe nicht übernehmen möchte. |
| Lebensmüdigkeit | Eher negativ gefärbter Begriff (noch stärker «Lebensüberdruss»); bezieht sich darauf, dass das Leben anstrengend ist und die Kräfte so stark abnehmen können, dass man es vorzieht, zu sterben, statt übermüdet auf den Tod zu warten. |
| Lebenssattheit | Eher positiv gefärbter Begriff, findet sich im Alten Testament – der hochaltrige Abraham und ebenso Hiob starben lebenssatt: man hat das Gefühl, genug gelebt zu haben, eine «Übersättigung» würde das angenehme Ge- |

| | fühl der Sättigung in ein Leiden umkippen lassen. |
|---|---|
| Legalität | Gesetzliche Zulässigkeit; eine Handlung widerspricht nicht geltendem Gesetz; lässt sich durch Auslegung von Gesetzestexten überprüfen. |
| Legitimität | Ethisch-Moralische Zulässigkeit; ob eine Handlung ethisch-moralischen Prinzipien entspricht, kann je nach Kontext und im Lauf der Zeit variieren. |
| Locked-In-Syndrom | Von englisch "locked-in", Eingeschlossen- oder Gefangensein; bei einer schweren Schädigung des Gehirns kann ein Zustand eintreten, in dem Patient:innen zwar bei Bewusstsein, körperlich aber fast vollständig gelähmt sind; je nach Schwere der Erkrankung kann das Syndrom reversibel oder auch irreversibel sein. |
| Mikroebene Mesoebene Makroebene | Soziologische Fachbegriffe: jeder Mensch lebt in sozialen Verbänden wie in einer Art konzentrischer Kreise: die nächsten Menschen sind die An- und Zugehörigen, Familie, Freundeskreis, Nachbarschaft («mikro», klein); den weitesten Kreis bildet die Gesellschaft als Ganzes («makro», gross) und im Bereich dazwischen befinden sich die Institutionen («meso», mittel). |
| Multi- oder Polymorbidität | Zusammentreffen mehrerer chronischer Erkrankungen. |
| Multiple Sklerose | Chronische neurologische Autoimmunerkrankung mit sehr unterschiedlichen Verlaufsformen, die Entzündungen im gesamten |

| | |
|---|---|
| | zentralen Nervensystem hervorrufen und zu Lähmungen führen kann. |
| Narration | Erzählung; narrative Interviews sind Gespräche, in denen die Interviewten anhand eines nur schwach strukturierten Leitfadens frei über ihren Erfahrungs- und Reflexionsbeitrag zum Studienthema sprechen können. |
| Palliative Care | Von lateinisch «palliare», mit einem Mantel bedecken. Palliativpflege und -medizin ist nicht an das Lebensende gebunden; oberstes Ziel der Therapie ist nicht Heilung, sondern die Lebensqualität. Im Zentrum steht das Wohlbefinden der erkrankten Person, nicht ihre Krankheit. |
| Parkinson-Krankheit | Unheilbare, nach ihrem Entdecker benannte, neurodegenerative Erkrankung; führt zu einem fortschreitenden und unumkehrbaren Verlust von Nervenzellen im Gehirn und damit verbundenen Ausfallerscheinungen wie Lähmungen oder Zittern. |
| Patient:innenverfügung | Unterschriebenes, rechtlich verbindliches Dokument, in dem Wünsche für zukünftige Behandlungen festgehalten werden, z. B. was Wiederbelebung, Therapien, Ernährung und Beatmung betrifft; es ist wichtig, die Erklärungen gut informiert und detailliert abzugeben; Hausärztinnen und Hausärzte sowie eine Anzahl von Organisationen sind dabei behilflich. |
| Senizid | Kulturell akzeptierte oder sogar geforderte Tötung alter Menschen. |

| | |
|---|---|
| Spitex | «Spitalexterne Hilfe und Pflege». Bezeichnung für häusliche/ambulante Pflege in der deutschsprachigen Schweiz. |
| Sterbefasten | Fachbegriff: «Freiwilliger Verzicht auf Nahrung und Flüssigkeit (FVNF)»; wer mit dieser Methode schnell sterben möchte, muss vor allem die Aufnahme von Flüssigkeit reduzieren. |
| Sterbehilfe, vgl. auch Suizidhilfe | Aktive Sterbehilfe oder Töten auf Verlangen, bedeutet, dass eine andere Person den Tod auf Wunsche der betroffenen Person aktiv herbeiführt. Sie ist in den Niederlanden in Ausnahmefällen unter Einhaltung der gesetzlichen Sorgfaltskriterien erlaubt, in der Schweiz, in Deutschland und Österreich aber verboten. |

*Indirekte Sterbehilfe* ist ein gesetzlicher Grenzfall. Es ist erlaubt, einer kranken Person z. B. hohe Dosen an schmerzstillenden und beruhigenden Medikamenten zu verabreichen, auch wenn das die Lebenszeit verkürzt.

*Passive Sterbehilfe* bedeutet zunächst, eine Person beim Sterben zu begleiten und ihr nahe zu sein. Darüber hinaus kann auf lebenserhaltende Behandlungen und Massnahmen verzichtet werden, z. B. auf eine Chemotherapie, eine Wiederbelebung (wenn diese durch eine Patient:innenverfügung ausgeschlossen wurde), sowie auf Beatmung, Hydrierung und künstliche Ernährung. Schliesslich gehört auch der assistierte Suizid dazu, da die sterbewillige Person sich das NaP selbst zuführen muss.

| | |
|---|---|
| Sterbehilfeorganisationen | Sind als Selbsthilfeorganisationen entstanden seit den 1980-er Jahren, vor allem um Rechte von Patient:innen im medizinischen Betrieb durchzusetzen. Die Grundidee war, dass invasive lebensverlängernde Massnahmen nicht immer in deren Interesse sind. Mitglieder können bei ihnen ihre Patient:innenverfügung und Werteerklärung sowie ihren Vorsorgeauftrag hinterlegen. Falls ein Mitglied einen assistierten Suizid wünscht, werden in zeitlichem Abstand mehrere Gespräche geführt und eine Dokumentation über die gesundheitliche Situation erstellt. Wird ein assistierter Suizid durchgeführt, kann ein Sterbehelfer oder eine Sterbehelferin in Anspruch genommen werden. |
| Suizidhilfe, vgl. auch Sterbehilfe | Private oder professionelle Hilfe, einen Sterbewunsch zu vollziehen; straffrei, solange sie nicht aus eigennützigen Motiven wie z. B. Bereicherung geschieht und nicht aktiv eingegriffen wird. |
| Trigger-Effekt | Aus dem Englischen, bedeutet «auslösen». In der Psychologie wird der Begriff für Ereignisse verwendet, die an vergangene Traumata erinnern und damit verbundene negative Gefühle wieder hervorrufen. Die Presseethik schreibt Triggerwarnungen bei Themen vor, bei denen über schwere Gewalt berichtet wird. Wegen der Gefahr der Nachahmung wird über Suizide nur dann berichtet, wenn ein öffentliches Interesse besteht, z. B. im Fall prominenter Personen. |
| Vorsorgeauftrag | Hat als unterschriebenes Dokument Rechtsgültigkeit wie die Patient:innenverfügung; |

dient der Bestimmung einer oder mehrerer Vertrauensperson(en), die im Falle einer Urteilsunfähigkeit Entscheidungen übernehmen; eine eingesetzte Person kann über Therapieverzicht (z. B. Reanimation) oder Therapieabbruch (z. B. Beatmung) entscheiden, nicht aber über eine direkte Herbeiführung des Todes – hier gibt es keine Möglichkeit der Stellvertretung.